Realize

Best Leaders
Make Team Members

最高のリーダーは気づかせる

部下のポテンシャルを引き出すフレームワーク

金田博之
KANEDA Hiroyuki

日本実業出版社

「指示」だけでは部下は動かない――はじめに

「指示型」で出せる成果には限界がある

「指示しないと部下が動かない。もっと自分から動いてほしい」

「部下の人数が増えて、回らなくなってきた」

「コーチングや１ｏｎ１の本を読んだけれど、うまく実践できない」


こうした部下とのコミュニケーションについての悩みを、リーダーの人たちから聞く機会が多く、私の経験と知見がお役に立てるのではないかと考え執筆しました。私自身、これまで10冊のビジネス書を執筆してきましたが、マネジメントをメインのテーマにした初めての書籍です。

部下とのコミュニケーションのとり方は、「指示型」と「質問型」に分けられます。

初めて部下を任されたときには、ほとんどの人が「指示型」になってしまいます。それまでのプレイヤーとしての実績を評価されて管理職に昇進するために、自分のやり方に自信と確信を持っていることが多く、その方法を部下に教えることによって行動を促し成果を出そうとするからです。

残念ながら「指示型」のアプローチには限界があり、どこかで頭打ちします。「自分が自発的に動いて成果を出す方法」と「部下を自発的に動かして成果を出す方法」は違うからです。そして後者のほうが自分の能力の限界を超えて組織が発展しスケールしていきます。

私自身も例外ではありませんでした。

私は、企業向けビジネス・ソフトウェアの世界的なリーディングカンパニーであるＳＡＰに新卒で入社しました。初めて部下を持ったのは、30歳のときのことです。プレイヤーとしての実績を評価されての昇進で、「期待に答えて結果を出さないといけない」というプレッシャーを抱えながらも、初めての管理職で組織をリードした経験もなく、どうすればいいかわからない状態でした。

経験もなく、組織で成果を出すための方法論も知らずにいた私は、それまでの成功体験をもとに、部下に指示（アドバイス）を中心にコミュニケーションをとっていました。自分に与えられたミッションを達成するうえでは、自分のやり方こそ最高で最短の道だという気持ちがあったからです。いま思えば、私は部下の話を聞く耳を持っておらず、対話とはほど遠い典型的な「指示型」リーダーでした。

「明確な指示」を出さないイタリア人上司との出会い

指示中心のやり方で思ったように成果につなげられず悩んでいた私を大きく変えたのは、ミケレというイタリア人上司との出会いでした。

彼のコミュニケーションのとり方は、日本人のそれとはどうも勝手が違うのです。日本人上司は指示をどんどん出してくるのですが、ミケレは質問ばかりで指示はほとんど出しません。当時、海外の人と一緒に仕事した経験もほとんどなく、「指示を出すのが上司の仕事だ」と思っていた私は、「もっと明確な指示を出してくれよ」と思ったものです。

あるとき、チームが思わしくない状況にあることをミケレに話すと、ミケレから「いまの状態が続くと3か月後はどうなると思う?」と質問されました。それに答えると、今度は「それを避けるためには、どうすればいいと思う?」「私にサポートできることはあるか?」と質問を重ねていきます。そして対話を重ねていくうちに、その状況を打開するための解決策に私は気づきました。

ミケレは私が初めて出会った「質問型リーダー」だったのです。

お察しの方もいるかもしれませんが、ミケレがやっていたのは「コーチング」でした。2000年代半ばのころ、私はその言葉自体を聞いたことはあったものの、どういうものかあまりくわしく知りませんでした。その後、私は海外でさまざまなコーチング研修を受け、自身でも実践・駆使するようになったという意味では、日本でもかなり早いほうだったと自負しています。それ以来、20年以上、ビジネスでコーチングを活用してきた経験があり、私がお伝えできることはたくさんあります。

ミケレは、ほかのグローバルIT企業からSAPに引き抜かれ、アジア統括を任せられるほどの優秀な人材です。SAPには当時も世界中からさまざまなビジネスのプロが集まっていました。「彼と仕事できるなんて君は幸せだよ。いろいろ学ぶといい」とミケレの上司である経営幹部から言われたほどです。

ミケレは、私に何か困ったことがあったときにはまず話を聞いてくれます。さらに私に質問して状況を整理してくれます。そして私が何を目指し、何をすべきかに気づかせてくれ、行動していくうえで必要な自信を持たせてくれました。ミケレは、私にとって最高のリーダーの一人でした。

私はほかにも、さまざまな外国人の上司や経営幹部と出会い、仕事をする機会に恵まれました。そして、世界中で数百人以上のリーダーたちとグローバルの大舞台で仕事をしてきました。優れたリーダーほど、指示よりも「質問」で部下を動かし、部下の自発性をうまく引き出していました。

そこで私は、**「最高のリーダーは気づかせる」**という結論にいたったのです。

「指示型」から「質問型」へ重心をシフト

ミケレとの出会いによって、私は部下とのコミュニケーションスタイルを「指示型」から「質問型」へ変える必要があることに気づきました。

部下から気づきを引き出すためには、質問の質と量をもっと増やす必要があると痛感し、コミュニケーションスキルを磨くことに苦心しました。

もちろん、最初からうまくいったわけではありません。試行錯誤しながら、まずは質問の量を増やし、質を高めることに努めました。

そうすると、私が指示するだけではとうてい得られない情報や思いつかないアイデアが部下から上がってくるようになり、人が変わったように部下が行動するようになりました。そしてポテンシャル（潜在能力）を発揮する部下も増え、私の組織はさまざまな困難を乗り越えて、大きな成果を生み出せたのです。このコツをつかんでからは、当時私が管理できた組織の規模が3年間で10人から20人、さらには40人と大きくなりました。

「指示型」から「質問型」へとシフトできたことで、私自身のキャリアも大きく飛躍しました。SAPから日系大手製造業のミスミへGMとして転職して、ITを活用した新規ビジネスモデルを構築・推進したあと、米国NASDAQ上場企業であるライブパーソン日本法人の代表取締役を経て、いまは、クラウドセキュリティの世界的なリーダー企業であるゼットスケーラー（同じくNASDAQ上場企業）の日本法人を統括する経営者としてハードながらもエキサイティングな毎日を過ごしています。そしていまでは数百人規模の組織を管理できるようになりました。

こうしたキャリアを歩めているのも、「最高のリーダーは気づかせる」ことに気づいたからにほかなりません。この気づきを本書でもお伝えできればと考えています。

本書の構成について

本書では、部下から気づきを引き出し、自発的に行動し、能力を発揮してもらうための「対話の仕組み」を構築できるように内容を構成しました。

かんたんに本書の構成を紹介します。

第1章　ギャップ分析で気づきを引き出す
本書では、問題解決のフレームワーク「ギャップ分析」を紹介し、部下との対話にいかしながら、部下をリードする方法を解説します。そして、「指示しないと部下が動かない状態」から「指示しなくても部下が動いてくれる状態」へと導くことができる質問型リーダーになることのメリットを解説します。

第2章　「コーチング」でひとりの部下に気づかせる

部下に気づきを促すには、質問するのがいちばんです。

前述したとおり、指示するだけでは、部下が存分に能力を発揮するようにはなりません。そこで、「指示・アドバイス」といったティーチングから、「質問」によって気づきを促すコーチングへと重心をシフトしていくことが求められます。

どのように質問すればいいか、部下の話にどう耳を傾ければいいかといった質問の基本を紹介し、部下に気づかせるにはどうコーチングすればいいかの実践例を紹介します。

第3章　「ファシリテーション」で複数の部下に気づかせる

「1対1」で部下に気づきを促すスキルに続いて、会議で「複数人」に気づきを促すスキルを紹介します。優れた上司は会議の場で「指示」よりも「質問」を駆使して部下たちに気づきをもたらします。彼らが身につけているスキルがファシリテーションです。部下と1対1で話すときに重要になるのが「質問」でしたが、1対複数人で話すときに役立つのも「質問」であり、そのスキルがファシリテーションです。

ファシリテーションは、「会議で参加者の意見を引き出して、議論を円滑に回す技術」です。ファシリテーションとは何かを説明したうえで、どのように気づきを促していけばいいかを事例も交えて紹介します。

ファシリテーションのスキルが身につけば、会議で「特定の人しか発言しない」「若手が発言してくれない」「会議主催者（自分）の一人舞台になってしまう」といった問題点を解決できます。そして参加者からさまざまな意見や情報を吸い上げ、チーム全体の目線をそろえたうえで、意思決定やアクションに速やかにつなげられるようになります。

第4章　「エンパワーメント」で組織全体に気づかせる

「コーチング」と「ファシリテーション」を実践できるようになると、部下一人ひとりが存分に能力を発揮し、チームとして高い成果を生み出せるようになってきます。結果的に、リーダー自身の評価も上がり、管理する人員が増えたり、昇進したりすることになるでしょう。そうなるとリーダーの前に「数の壁」が立ちはだかり、部下と細やかにコミュニケーションをとれなくなります。いいかえるとこれまで自分の声が届く範囲内で「直接的」に組織を動かしてきたやり方から「間接的」にも組織全体を動かしていかなければならなくなります。そこで「数の壁」を解決する手法として、「エンパワーメント」を紹介します。

本書の3つの特徴

本書では、私自身が、部下とのコミュニケーションで試行錯誤した経験と、国内外の経営者や経営幹部たちと一緒に仕事した経験を通じて体得したノウハウ、私が海外で受けてきた数々の経営幹部向けの研修での学びの中から、実務でも使えるノウハウを厳選して紹介します。

「最高のリーダーは気づかせる」をテーマにした本書で、全章にわたって共通する特徴はつぎのとおりです。

①「指示型」から「質問型」へのシフト

「指示型」から「質問型」へと部下とのコミュニケーション方法をシフトし、「組織や人を自発的に動かして成果を出す」ことを目指します。本書ではコーチングやファシリテーションのように、ほかの書籍や研修などで紹介され、あなたがすでに実践している手法を扱います。しかしながら、理論ではわかっていても実践して効果を得られないことに悩んでいる人もいると思います。そのほとんどの原因が結果的に「指示型」だからです。「指示型コーチング」や「指示型ファシリテーション」では部下を自発的に動かすことはできません。したがって、本書では各種理論の解説は最低限にとどめ、「質問型」で有効な実践的ノウハウを紹介していきます。

②ギャップ分析のトライアングル

本書では、「組織や人を自発的に動かして成果を出す」ためのフレームワーク（思考の枠組み）として「ギャップ分析」を活用します。ギャップ分析は、「①目指す姿」と「②現在の姿」のあいだにある「③ギャップの原因」を分析してアクションに落とし込む、きわめてシンプルなフレームワークです。3つの要素のいずれかが欠けて、特定の要素に意識が偏ってしまうことが、実際の上司と部下のコミュニケーションの現場では多いものです。そこで本書では、この3つの要素をつなぐ「トライアングル」を意識しながら部下とのコミュニケーションの効果を最大限に発揮する方法を紹介します。

③個人、チーム、組織へのライフサイクル視点

本書では、個人から複数人のチーム、さらには組織へとあなたの管理能力を向上してい

く段階的な成長ステップをライフサイクル視点で描いています。あなたが推進できる組織の規模が数人から数十人、そして数百人へと拡大するステップとして「個人：コーチング」「チーム（複数人）：ファシリテーション」「組織：エンパワーメント」の3つの手法を紹介していきます。

本書は、チームで成果を上げることに悩んでいる方々に、思考の転換と具体的な行動のヒントを提供することを目指しています。この「気づき」と「行動」が、一人ひとりの潜在能力を引き出し、未来への道筋を切り開くきっかけになることを願っています。

また、いまは部下を持たない方にも、周囲とのよりよい関係性を築き、相手の可能性を引き出す手法として、十分に活用していただけます。「人と関わるすべての人」に役立つ普遍的なものだからです。リーダーシップは、役職にかかわらず発揮できるものであり、日常の中で他者に気づきを与え、支援する姿勢は、多くの場面で生きる力となるでしょう。

本書を通じて得た内容を、焦らず着実に、ご自身の現場で少しずつでも実践していただければ、あなたは確実にその効果を発揮できるでしょう。

『最高のリーダーは気づかせる』　もくじ

第1章 「ギャップ分析」で気づきを引き出す

第2章 「コーチング」でひとりの部下に気づかせる

第3章 「ファシリテーション」で複数の部下に気づかせる

第4章 「エンパワーメント」で組織全体に気づかせる

ブックデザイン　西垂水敦・小島悠太郎（krran）
DTP　一企画

第1章

「ギャップ分析」で気づきを引き出す

「指示する」から「質問する」へシフトする

「指示型」と「質問型」では考える主体が違う

コミュニケーションが指示型か質問型かで、部下の行動は大きく異なります。どう異なるのかを見ていきましょう。

まずは、「**指示型**」を見ていきましょう。

プロセスは、「上司が考える→上司が指示する→部下が指示どおりに行動する→部下が成果を出す」の流れをたどります。

ポイントは**考える主体が上司である**ことです。

これを繰り返していると、部下は、上司の指示がないと行動できなくなってしまいます。

いわゆる「指示待ち」状態になり、自分の頭で考えなくなってしまいます。そうなると、上

「指示型」と「質問型」の違い

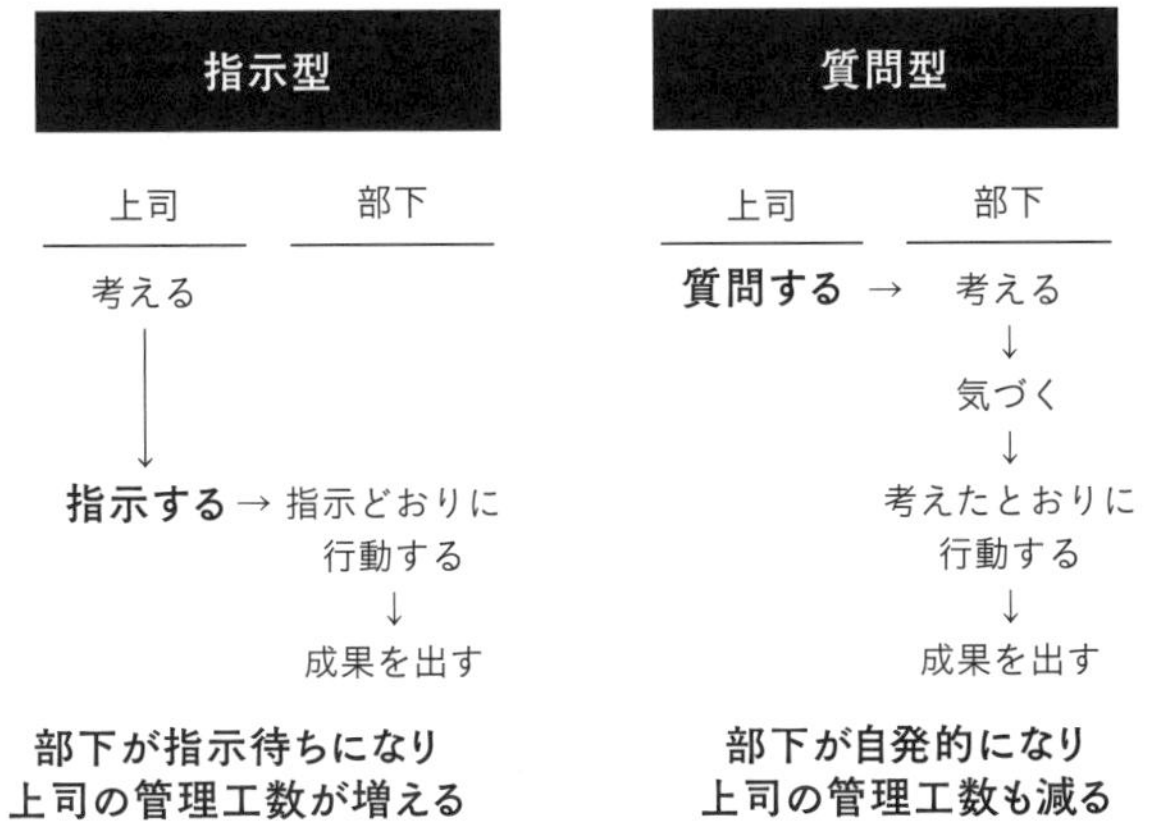

司はいつも指示を出さないといけない状態で忙しくなり、本来生み出せたはずの成果になかなか到達できません。一方の部下は当然ながら指示されたとおりにやるだけなので、モチベーションも上がらないでしょう。

成果を出せない部下には、さらに指示しなければならなくなって……という悪循環をたどることになります。指示によって目標を達成できていたとしても、上司がつねに指示しないといけない状態となり、管理の工数や負荷が増えてしまいます。これではどこかの段階でキャパオーバーして成果が頭打ちしてしまうでしょう。したがって、このやり方はいずれ上司のスキルやキャパシティが組織のボトルネックになります。

一方の「**質問型**」はどうでしょうか？

プロセスは、「上司が質問する→部下が考える→部下が気づく→部下が考えたとおりに行動する→部下が成果を出す」の流れをたどります。

指示型では考える主体が上司であるのに対して、**質問型では考える主体は部下**です。上司からの質問をきっかけに、部下が考えて言葉にする過程で気づきが生まれます。部下が何かに気づき、自発的に行動するようになると、そのうち部下が自らの力で成果を出せるようになります。この「成功体験」を通じて、成長した実感や手応えにより自信を持てるようになります。そうすると、部下はどんどん自発的に行動するようになり、細かく指示する必要がなくなって上司の管理工数も少なくなります。結果として、上司のスキルやキャパシティを超えて組織が成長していくことになるのです。

つまり、**部下が「自ら考え、気づき、動く」ようにその自発性を育むには、上司が「指示する」から「質問する」へとシフトすることが求められる**のです。

組織全体の能力の「上限」を引き上げる

私がとくに強調したいのは、**組織が成長する上限の違い**です。

「指示型」では成果が頭打ちになる

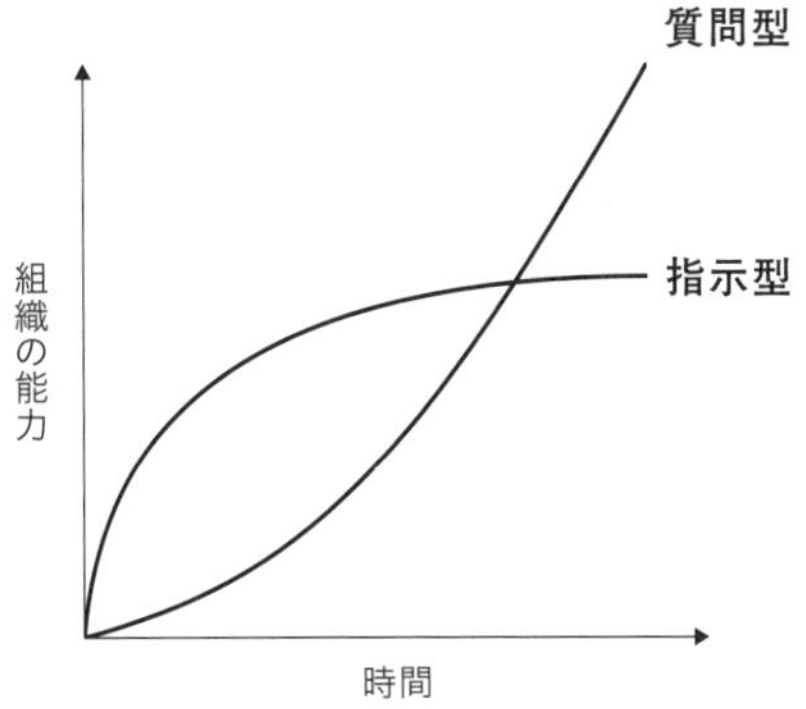

**質問型のほうが
上司の能力を超えた成果を生み出せる**

「指示型」は決して否定されるものではありません。うまくいっているのであれば、そのままでもいいかもしれませんが、このスタイルでは上司自身の能力やキャパシティが組織全体の能力の上限を決定してしまいます。そのため、上司一人の力に依存する形となり、部下や組織全体の潜在能力を引き出しきれません。

一方、「質問型」へとシフトできれば、部下たちの自発的な行動を引き出しながら自己成長を促進でき、それぞれが能力を発揮するようになります。私の経験上、上司も部下から気づきや学びを得る機会が増えることになり管理能力も向上します。このアプローチにより、リーダーの能力やキャパシティの限界を超えて、組織全体の能力とその上限が引き上げられます。

たとえばリーダーが料理人だと考えてみてください。

「指示型」では、リーダー（料理長）が一人ですべての料理をつくり、ほかの人たちはただ材料を準備するなど、指示どおりに動くだけです。リーダーが優秀であれば、料理はおいしく仕上がりますが、リーダーが手一杯になると全体の進行が遅れたり、ほかのメンバーの力が十分にいかされません。そして、この方法では大量の料理を限られた時間内につくることは困難です。

一方で、「質問型」では、リーダーがほかのメンバーに料理の方法やアイデアを引き出し、彼ら自身が創造的に調理を進めます。結果として、よりおいしい料理がテーブルに並び、全員のスキルが引き上げられ、チーム全体の成果が最大化するのです。もちろん、おいしさという質だけではなく、大量の料理を限られた時間内につくることもできます。

このように、売上や事業、組織の規模拡大を図りたい場合にも、指示型から質問型へと徐々《じょじょ》にシフトしていくのがおすすめです。これにより、より多くのアイデアや行動が自発的に促進され、組織の成長が加速するでしょう。

「自発性を発揮できる条件」を理解する

自分の「自発性を発揮した経験」を振り返る

チームとしてより高い成果をあげるうえでは、指示型から質問型へとシフトし、部下が自ら気づき、動けるように行動を支援することにカギがあります。

部下に自発性を発揮してもらうためにも、**まずは「自発性を発揮できる条件」がどういうものかを理解しておく**のがいいでしょう。

あなた自身が自発性を発揮した経験を思い出してみましょう。仕事以外の例を思い出してみてください。プライベートの趣味でも何でも、誰にも言われずに、自分でやりたいと思って続いた経験はありますか？　たとえば、ジム通い、英会話、ジョギング、日記など、何でも結構です。

・それを「やりたい」と思った動機は何ですか？　なぜですか？
・それを続ける中で、どんな課題に直面しましたか？
・もしそれが習慣になっている場合、なぜ続いているのでしょうか？

読み進める前にいま一度、自身の経験を振り返ってみてください。

ここでは、多くの方が一度は経験しているであろう、「ダイエット」を例にとってみましょう。程度の差こそあれ、太って絞る、太って絞るを繰り返しているのではないでしょうか？

私自身も、ダイエットに挑戦して、いつの間にか続かなくなってしまった経験は数え切れません。私自身は、酒席や会食がもともと好きで、機会も多いので、油断するとすぐに体重が増えてしまいます。

あるとき、ＳＮＳに自分の写真を投稿したところ、親しい友人から「あれ、ちょっと太った？」と言われてしまいました。自分自身でも、文字どおり身に覚えがあったので、客観的に見てもそうなのだと気づき、何とかしないといけないと思ったのです。

私は、できる限り長く現役の経営者として仕事をしながら社会の発展に貢献し、同時に人材育成もしたいと思っています。このビジョンを実行していくためには、「身体が資本だ」と思う出来事や場面が年齢を重ねるにつれて増えてきました。

自分自身はもちろん、家族や大切な人たちのためにも、病気にならない健康体であることは、何物にも代えがたい資産です。

仕事面でも、スーツを着てメディアや人前に立つ場面が多くあります。そのときに、身体がシェイプアップされているほど、スーツをうまく着こなすことができ、スマートな印象を持ってもらえると感じることも少なくありません。

仕事面でも健康面でも好影響があると考え、まずは食事改善から始めました。ここでは、「10㎞走る」などのすぐに挫折してしまいそうな行動ではなく、「ごはんやパンの炭水化物の量を少なくする」「スキマ時間でストレッチや筋トレをする」などのすぐにできる行動から着手しました。

その効果が見えてきて気をよくした私は、もっと栄養面と筋トレについての専門的なアドバイスを受けたいと考え、パーソナルジムに通い始め、2か月間で体重を8kg落とし、体脂肪率を6％落とすことができました。それだけでなく、相対的に筋肉量が増えて私がイメージする体型に限りなく近づけられたのです。

それから6年経った現在も、その体型を維持しています。結果的に、スーツの着こなしに自信が持てるようになり、ビジネスでプラスに働いていると感じることが多くあります。ちなみに、きっかけの1つとなった友人からは、「あれ、また絞ったね」という言葉をもらいました。

こんなふうに、みなさんは自発的に何かを行動し始めた経験、それが続いている経験はありませんか？　こうした**日常生活の自分の行動に、「人が自発的に行動する条件」が、ひいては「部下の自発性を引き出すヒント」が潜んでいる**のです。そのメカニズムをフレームワークで説明します。

「ギャップ分析のトライアングル」で整理する

ここでお伝えしたいのは、私のダイエット経験などではなく、人が自発性を発揮するメカニズムです。

私は、自発性を発揮する条件を「ギャップ分析」のフレームワーク（思考の枠組み）で整理しています。

ギャップ分析とは、「①目指す姿」と「②現在の姿」のあいだにある差異や課題となる「③ギャップの原因」を分析して、そのギャップを埋めるための「アクション」を考える手法です。


ギャップ分析自体は、知っている人も多いかもしれません。多くの人に知られたフレームワークであるからこそ、本書では重要なフレームワークとして紹介したいと考えました（もちろん、知らなくても何も問題ありません）。

ギャップ分析とは？

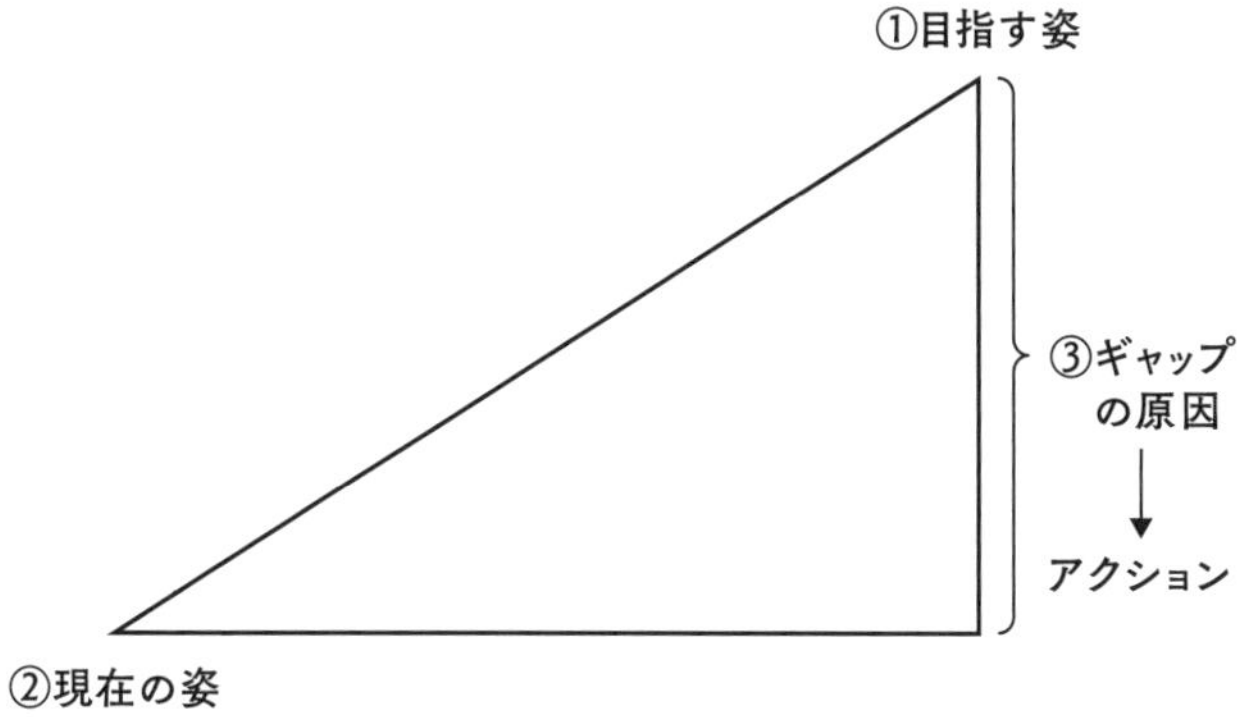

「目指す姿」と「現在の姿」の「ギャップの原因」を
解消するアクションを計画・実行するためのフレームワーク

シンプルなフレームワークなだけに、さまざまなシーンで図に示したようなトライアングル（三角形）を意識しやすく、さらにアクションに移しやすく、きわめて効果的です。本書ではこれを「**ギャップ分析のトライアングル**」と呼ぶことにします。

私自身、ビジネスでさまざまなフレームワークを駆使していますが、最も使っているフレームワークはギャップ分析だといっても過言ではありません。それだけこのフレームワークは汎用的です。そのエッセンスをあなたにも実践しやすいように紹介していきます。

先ほどのダイエットの例を「ギャップ分析のトライアングル」でシンプルに整理すると、つぎのようになります。

目指す姿：スーツをかっこよく着こなしたい
現在の姿：体重が増えてスーツがキツくなった
ギャップ：体重8kg、体脂肪率6％
　食べすぎで食生活が不規則
　1週間に1時間も運動していない
　仕事でストレスを感じよく眠れない
目　　標：まずは1か月以内に3kg減量したい

■ ダイエットのギャップ分析

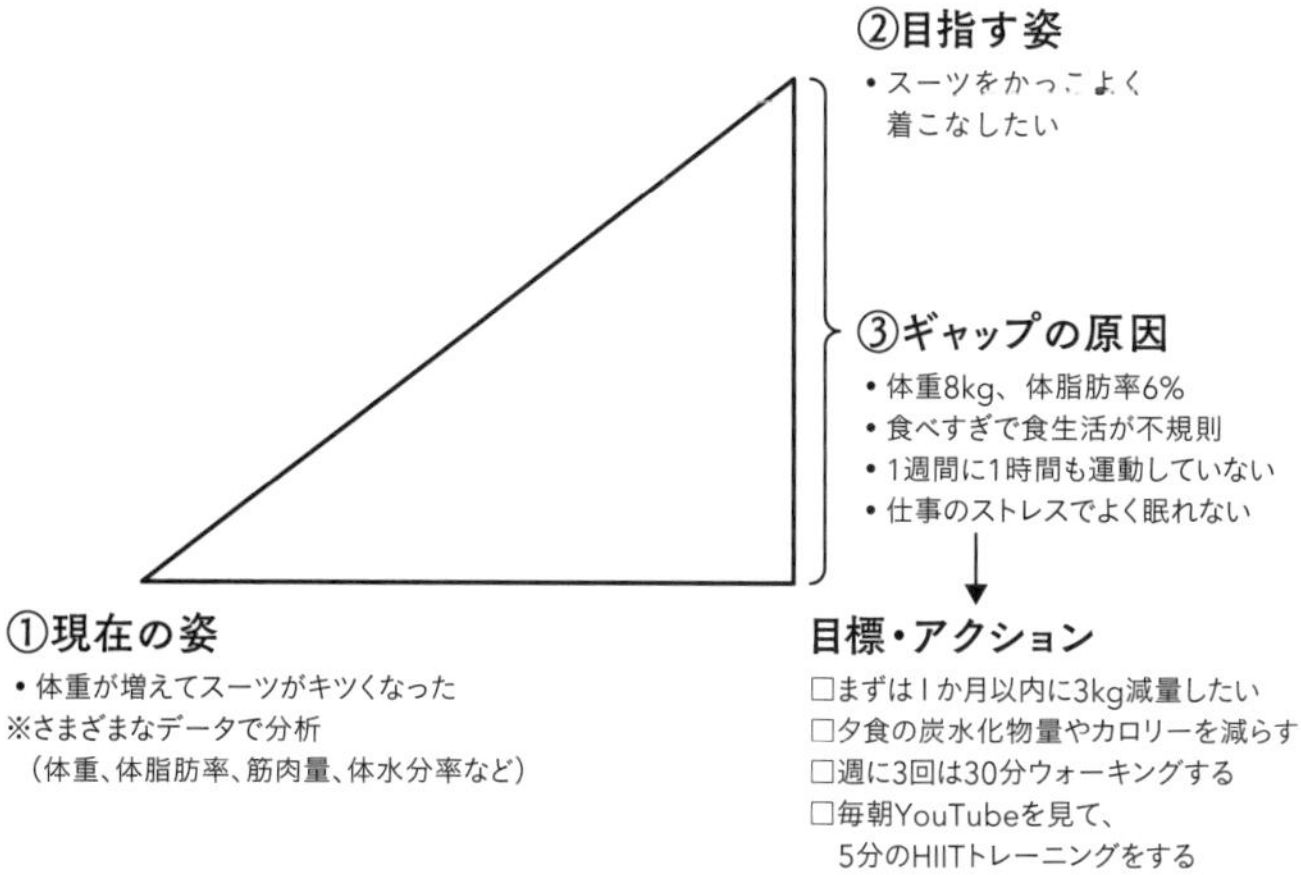
②目指す姿
• スーツをかっこよく着こなしたい
③ギャップの原因
• 体重8kg、体脂肪率6%
• 食べすぎで食生活が不規則
• 1週間に1時間も運動していない
• 仕事のストレスでよく眠れない
①現在の姿
• 体重が増えてスーツがキツくなった
※さまざまなデータで分析
（体重、体脂肪率、筋肉量、体水分率など）
目標・アクション
□まずは1か月以内に3kg減量したい
□夕食の炭水化物量やカロリーを減らす
□週に3回は30分ウォーキングする
□毎朝YouTubeを見て、5分のHIITトレーニングをする

アクション：夕食の炭水化物量やカロリーを減らす
週に3回は30分ウォーキングする
毎朝YouTubeを見て、5分のHIITトレーニングをする

みなさんはいかがでしょうか？

「目指す姿」「現在の姿」「ギャップ」の3つのトライアングルで整理すると、自発的に行動しやすくなり、自分を理想の状態に近づけるための「アクション」とその優先順位が明確になります。それぞれのステップとポイントを次項でさらに説明していきます。

「ギャップ分析のトライアングル」で気づきを引き出す

「ギャップ分析」を進めるステップ

「ギャップ分析のトライアングル」を意識しながら、部下と双方向の対話を進めると気づきを引き出しやすくなります。ここでは、ギャップ分析を進めるステップを解説します。

ステップ①「目指す姿」を明確にする

まず、「目指す姿」をはっきりさせます。未来に目を向けることで、どこへ向かいたいのかが明確になり、その目標に向かって気づきや学びが生まれやすくなります。ここで**重要なポイントは「目的」を明確にすること**です。「目的」とは、目標を達成した先に得られる成果のことです。つまり目標の上位にある概念です。その目的を知るためには、「その目標を達成すると、どうなれるのか？」を中心に自問してみましょう。

たとえば、ダイエットであれば、やせる目標の達成を通じて私は「スーツをかっこよく着こなしたい」といった目的を持ちました。ほかにも「体力を向上し疲れにくい体にしたい」「歳を重ねても長く健康でいたい」といった目的も考えられます。これにより目先の目標の達成に一喜一憂せず、長い視点で目標を持ち続けられます。

「目指す姿（目的）」を明確にするための質問

・そもそも何のためにその目標を達成したいか？
・その目標を達成するとどうなれるか？（どうなりたいか？）
・その目標が果たせなかったらどうなるか？（どうなりたくないか？）

ステップ②「現在の姿」を把握する

つぎに、「現在の姿」を把握します。「目指す姿」に対して、現在の自分がどのような状況にあるかを理解します。ここでは**さまざまな事実やデータをとって「客観的」に把握す**

るのがおすすめです。

ダイエットなら、体重計のデータや過去からのデータの変化、1週間の行動パターンや過去との行動パターンの変化など、過去から現在にかけての変化や進捗を確認します。

ダイエットが思うように達成しない場合であれば、私は「体重が増加しスーツがキツくなった」といった状況を、その裏づけとなるさまざまなデータから把握しました。

「現在の姿」を把握するための質問

・目指す姿を100%とするといまは何%か?
・その現状を裏づける事実やデータはあるか?
・最近、自分の身の回りに何か変化があったか?

ステップ③「ギャップの原因」を特定する

それから、「ギャップの原因」を特定します。「目指す姿」と「現在の姿」を比較すると、「何に課題があるか?」が見えてきます。**課題の「根本原因」を理解できれば、その解決策が見えやすくなります。**

ダイエットであれば、「最近食べすぎで食生活が不規則」「1週間に1時間も運動していない」「仕事でストレスを感じてよく眠れない」といったギャップの原因が考えられます。

「ギャップの原因」を特定するための質問
・いま目の前の悩みは、何が原因で起きているのか？
・その原因を裏づける事実やデータはあるか？
・この事実やデータが変化したきっかけは何か？

ステップ④「アクション」を決める

ここで「アクション」を考えます。「現在の姿」から「目指す姿」のあいだにあるギャップをどのように解消するか、具体的な「アクション」を考えるのです。

そのためには、**「最もすぐに着手できて少しでも効果が出すにはどうすればいいか？」**を中心に自問してみましょう。

ダイエットを達成するのであれば「夕食の炭水化物量やカロリーを減らす」「週に3回は30分ウォーキングする」「毎朝YouTubeを見て、5分のＨＩＩＴトレーニングをする」といったものが考えられます。

「アクション」を考えるための質問
・いまできることは何か？
・どのように行動したら継続できるか？
・いつから着手できるか？

この4つのステップを踏むことで、目標に向かって自然と気づきや学びが増え、成功に近づけるわけです。

3つの要素はどれが欠けても機能しない

「目指す姿」「現在の姿」「ギャップの原因」の3つの要素自体はきわめてシンプルですが、いずれかの要素が欠けていたり、特定の要素に意識が偏ったまま、一足飛びに「アクション」を決めて解決しようとしてもうまくいかないことが実際には多いものです。
ダイエットの例でいえば、私もふくめて、多くの人が失敗体験があるのは、この3つの要素のいずれかが抜け落ちていることや、あいまいで意識できていないことに原因があります。体重や体脂肪率の数字だけを目標に掲げても、「その先にどうなれるのか？」というイメージや「なぜ絞りたいのか？」という「目指す姿」がないと続きません。ただやみくもに「〇〇抜きダイエット」のような「アクション」だけに意識が向くと、一定期間が過ぎると「なぜそれをやるのか？」目的を見失ってしまいやはり続きません。

ダイエットがうまくいかない理由は、「目指す姿」と「現在の姿」とのあいだにある「ギャップの原因」を明確に理解しないまま行動することになるためです。

3つの要素がどれも不可欠である理由をつぎのように整理できます。

①「目指す姿」がないと目的を見失う

ダイエットの目的は、ただ体重を減らすだけではなく、健康を維持しながら理想的な体型や生活習慣を手に入れることにあります。具体的で現実的な目標体重や体脂肪率などを設定すると、その目的に沿った道筋が見えやすくなり、より効果的な行動を計画できます。明確な目指す姿がないと、目的を見失いやすく、途中でモチベーションを維持するのも難しくなるため、最終的にダイエットの実現が遠のくリスクが生じます。

②「現在の姿」を把握しないと具体的な課題がわからない

現在の姿が把握できていないと、自分が改善すべき具体的な課題がわからず、的外れなアプローチになりがちです。たとえば、食事内容や生活習慣に問題があることに気づかずに、運動量ばかりを増やしても期待した成果が得られません。現在の姿を正確に把握しないまま行動すると、手応えがなくモチベーションが低下し、目標達成から遠ざかってしまうリスクがあります。

③「ギャップの原因」がわからないと適切な改善策を打てない

体重が減らない原因が「食べすぎ」や「運動不足」など複数が考えられる中で、原因が特定できていないと、どの行動を改善すべきかがわからず、無駄な努力をしてしまうことになります。ギャップの原因を把握しないままでは、適切な改善策を打てないため、効果的なダイエットが難しくなります。

そして目指す姿に向けてどのように進むかの「アクション」を決める際にもギャップ分析が役立ちます。たとえば、食事のカロリーを減らす、運動の頻度を増やすなど、具体的なステップを段階的に設定し、無理なく進めるためのアクションを考えることができます。

ギャップ分析の要素を意識していなければ、「広告を見て効果がありそうだったから」「周囲で流行っているから」「たまたまキャンペーンでお得だから」のように何となく行動する状態になってしまい長続きしません。

さらには、現在の姿と目指す姿とのギャップを明確にしておくと、途中経過をモニタリングしやすくなります。進捗が遅れている場合、何が原因かを再分析し、必要な対策を講じることができます。

ここでプライベートの事例を紹介したのは、仕事と違って誰かに強制されるものではないので、「気づき」「自発性」が重要であることをより強く実感できるからです。**「目指す姿」「現在の姿」「ギャップの原因」の3つの要素および「アクション」でそれぞれ先ほど紹介した質問は、マネジメントでもそのまま使える**ものです。さまざまな気づきが生まれ、能動的な視点で仕事を捉えなおせるでしょう。本書ではこのあとの各章で「ギャップ分析のトライアングル」を紹介していきます。

「質問型ギャップ分析」で気づきを引き出す

「指示型ギャップ分析」と「質問型ギャップ分析」

前項でギャップ分析は、「目指す姿」「現在の姿」「ギャップの原因」の3つの要素と、アクションを明確にするプロセスで進めることを紹介しました。

3つの要素を明確にするためには、必ず「質問」が発生します。

ここでギャップ分析を部下との対話にいかそうとするときにも、「指示型ギャップ分析」と「質問型ギャップ分析」という2つのアプローチがあります。

「指示型ギャップ分析」は、上司主体で進めます。

上司の視点から、部下についてギャップ分析した結果をもとに、部下に指示を出すイメージです。つまり、上司だけが自問自答で原因や対策を把握している状態です。

部下からすれば、「目指す姿がこれで、現在の姿がここで、あなたの問題点（ギャップ）はこれ。これを解決するために○○（アクション）して」と指示されたところで、自分の中での気づきもなければ、納得感も実感もないので、スピーディな行動にはつながらないでしょう。行動したとしても、「上司から言われたから」が最大の理由になって、自発的な行動にはつながらないでしょう。

一方の「質問型ギャップ分析」は、上司が部下に質問することによって双方で進めます。ギャップ分析のトライアングルを意識しながら部下に質問して考えてもらい、3つの要素とアクションを整理していきます。上司から質問される過程で、部下自身が原因や対策を把握することにより、気づきが生まれます。部下からしても納得感があるので、スピーディに行動しやすくなるのです。

質問型ギャップ分析で引き出せる「気づき」

質問型ギャップ分析を進めると、部下は何についての気づきを得られるのでしょうか？

まず、**現状と目標のギャップの大きさ**について気づきを得られます。

現在の姿（現実のパフォーマンス）と目指す姿（期待されるパフォーマンス）との具体的な違いを質問しながら部下に気づかせます。

たとえば、現在の姿と目指す姿のギャップが小さければ、部下は「現状の行動をキープすればいい」と気づくこともできますし、「行動をもっと改善すれば目指す姿をより大きく達成できる」と気づくかもしれません。

反対にギャップが大きければ、部下は「このままではいけない」と気づいたり、「どう行動すればいいか？」を考えたりすることになるでしょう。場合によっては、従来とはまったく異なるアプローチを模索することが必要だと気づくかもしれません。上司が部下に質問をすることでこうした気づきを与えるのです。

つぎに、**具体的な問題点**について気づきを得られます。

部下は上司からの質問に答える過程で、部下ひとりでは見過ごしていた問題や、影響を与えている根本的な課題に気づくことができます。たとえば、行動の量と質、業務知識、商品知識、ビジネススキル、時間など、さまざまな視点から部下がその原因に気づくことになります。

これにより、本質的な原因を特定し部下が自発的にアプローチできるようになります。

それから、**アクションの優先順位**について気づきを得られます。

同様に上司が部下に対して質問をすることで、どのギャップの原因が最も行動上で大きな制約になっているかを部下が考え把握します。するとリソースや時間をどこに集中すべきかが見えてきます。

実際には、すべてのギャップを同時に埋めるのは難しいため、質問で優先順位を考えてもらうことで、効果的な改善のアプローチに気づいてもらえます。たとえば、重要なプロセスの改善に焦点を当てるか、新たなスキルを急いで習得する必要があるのかが明確になります。

このように**部下との対話の際にギャップ分析を意識しながら「質問」すると、気づきを促しやすくなります。**その気づきこそ、部下が自発性を発揮し、パフォーマンスを発揮する源泉になるのです。具体的にどのように質問すればいいかについては、第2章以降の各章でくわしく説明します。その前段として、部下との対話に必要な3つのスキルである「傾聴・質問・承認」について紹介します。

部下に気づかせるには「傾聴」がカギになる

ギャップ分析を効果的に活用するためには、部下の話をじっくり聞く「傾聴」が欠かせません。あなたは部下の話を本当に「傾聴」できているでしょうか？

「上司：部下の話す比率」を確認する

質問します。

自分と部下の『話す』『聞く』のバランスは何対何ですか？

この比率は、自分だけの感覚で考えても客観的に把握しづらいでしょう。そこで、スマホやオンラインミーティングなどで、会話を録音（録画）して、部下と自分が話す割合を実際に調べてみるのがおすすめです。

私も、部下との会話の中身を客観的に振り返るために、部下から同意を得たうえで、録音したことがあります。すると、部下の話をほとんど聞いておらず、「部下：上司＝１：２」で私のほうが話していたのです。内容も、「指示・アドバイス」が多く、部下の考えや答えを引き出せておらず一方通行になっていて、部下が納得している様子がありませんでした。

会話の理想的なバランスは、「部下：上司＝2：1」です。自分が3割以上話していたら、話を聞くことにフォーカスして、部下の考えや答えを引き出すようにしましょう。

2対1という比率は、「人には口が1つなのに、耳は2つある。自分が話す倍だけ、他人の話を聞かなければならないからだ」というユダヤの格言と通じる部分があって、興味深く感じます。

上司が話しすぎないために気をつけたいポイント

上司になる人は、プレイヤー時代の実績が評価されて昇格することが多いので、自分の仕事の進め方や方法に自信を持っていることが多いものです。これが傾聴を妨げてしまう原因になります。これを避けるためには、つぎの3つの点を意識しましょう。

①相手の話を最後まで聞く

まずは、相手の話を最後まで聞くことです。

あなたはいかがでしょうか？　自分でうまくできているつもりでも周囲の人からすればそうでもない人が多いものです。多くの人にとって、言葉でいうほどかんたんなことではないのです。

私自身も例外ではありませんでした。聞くことを意識しながら相手と話していると、「あ、いまさえぎってしまった」と思うことが少なくありませんでした。

部下からすれば「まだ言いたいことがあるのに……」。きちんと最後まで聞いてくれない」という印象になっていたでしょう。

そこで私が意識したのは、**相手が話し終わってから、1拍置くイメージで話す**ことです。「わかるな」「そう考えているんだね」などとひと言相づちを打つと、相手の話に続きがあるかどうかを判断できるでしょう。

さらに気をつけたいのは、**質問したあとの部下の沈黙を無理に埋めようとしない**ことです。質問に答えるために、何か言葉にしようと考えている最中かもしれません。沈黙したときにこちらから口を開くのをぐっと我慢しましょう。

②先回りして相手の結論を予測しない

つぎに、先回りして相手の結論を予測しないことです。

上司が話を聞けなくなってしまうもう1つの理由は、部下が話している途中で、結論を予測して、先回りして話をさえぎって指示やアドバイスをしてしまうからです。上司は「1を聞いて10を知ったつもり」かもしれませんが、それは思い込みでしかありません。**部下が話したいのは別のことかもしれない**からです。

部下からすれば、「自分の言いたいことが優先だな」「自分のことを本当に理解してくれたうえでのアドバイスに聞こえないな」「話のポイントがちょっと違うな」という印象になってしまいます。「いいえ、私の言いたいことはそうではなく……」などと切り返してくる部下はそう多くはないでしょう。これでは、「話を聞いてくれている」と部下は安心できません。この状態で上司が指示しても、部下が納得できていないケースが多く、行動が遅くなったり、そもそも実行しなかったりすることもあるでしょう。

③共感を示しすぎない

それから、共感を示しすぎないことです。

これは共感を示すのが得意な人ほど気をつけてほしいことです。「わかる！」と共感を示すのはいいことですが、じつはその先に問題があります。「私も、3年前に……」などと自分の経験談や持論を語ってしまって、話の主体がいつの間にか相手から自分になっているケースがあるのです。**部下からすれば、本題からズレてしまって、結局上司の話したいことだけ話して終わってしまう**のです。あくまで相手の話に耳を傾けるようにしましょう。

これら3つのことをしてしまうと、せっかく質問をしても部下の話をうまく引き出すことが難しくなります。まずは自分の話の聞き方のクセを知り、少しずつでも改善すれば、本当の意味で傾聴できるようになるでしょう。

「自分視点」の質問では気づきを引き出せない

前項で傾聴が大切であることを紹介しました。傾聴を意識しながら質問をするときに何に気をつければいいか、さらにくわしく解説します。

部下に効果的な質問をして気づきを引き出す最大のポイントは、質問の視点を「自分」ではなく「相手」に置くことです。

「自分視点」の質問の目的は、自分が知りたいことを聞くことです。

たとえば部下の目標達成状況や計画の進捗などがそうです。これらは聞く側が状況を把握し、効果的にアドバイスするためには有効だといえるでしょう。しかし情報が聞き手に入ってくることがメインとなってしまい、相手がそのことを深く考えることはないでしょう。つまり考える主体者は「質問者側」です。ここでは結果や数値を問う質問、期限や進

質問の視点は誰？

「自分」視点の質問	「相手」視点の質問
自分が知りたい	**相手に気づいてほしい**
・結果や数値を問う質問	・相手の感情や行動に寄り添う質問
・期限や進捗を問う質問	・相手の課題や障害に焦点を当てる質問
・事実確認が中心の質問	・相手が必要とするサポートを重視する質問

捗を聞くだけの質問ならまだしも、時には相手を追い詰めてしまうこともあります。

たとえばつぎのような質問です。

・目標に対してどこまで達成していますか？
・先週お願いした件は進んでいますか？
・なぜ計画どおりに進捗していないのですか？

一方で**「相手視点」の質問の目的は、相手に気づいてもらうことで行動を引き出すことです。**

たとえば部下の課題を特定してあげたり、本来やるべきことを優先づけしてあげたりするために質問をして相手に考えてもらいます。これは、相手の考えを整理してあげる質問ともいえます。つまり考える主体者は「回答者側」です。ここでは相手の感情や行動に寄りそう質問や、相手の課題や障害に焦点を絞った質問、あるいは相手が必要とするサポートを重複する質問が効果的です。こうして相手が気づいていなかった考えを引き出すことができます。

たとえばつぎのような質問です。

・目標を達成するうえで、何か困っていることや改善したいことはありますか？
・先週お願いした件で、サポートが何か必要なことはありますか？
・いまあなたが計画どおりにいかない原因をいくつかあげることはできますか？

もちろん、自分が知りたいことを質問することも重要です。しかし、**相手の行動を引き出し成果を出してもらうためには、「自分が知りたいことを聞く」ことから「相手に気づいてもらう」ことに意識をシフトしましょう。**そのうえで、相手に考えを整理してもらうのです。

効果的に質問するためには、相手の視点に立ち、相手の思考や行動を引き出すような質問を心がけることが重要です。

これだけは押さえておきたい「質問」の基本

上司から部下に質問して「ギャップ分析のトライアングル」の3つの要素を明確にして気づきを引き出すには、対話の流れをつくることが求められます。対話の流れというと難しく感じるかもしれませんが、ここで紹介する基本的な質問のテクニックさえ押さえればかんたんです。ここでは、私がとくに重視していることを厳選して紹介します。

「クローズドクエスチョン」と「オープンクエスチョン」

まず、よくある質問のテクニックとして「クローズドクエスチョン」と「オープンクエスチョン」があります。

クローズドクエスチョンは、「はい、いいえ」の二択で答えられる質問です。メリットは、質問しやすいし、相手も答えやすいことにあります。

もう一方の、**オープンクエスチョンは、「どうですか？」「いかがですか？」などのように、自由に答えられる質問**です。相手の考えや背景、事実などを掘り下げて聞くときに使います。

しかし、「○○については、どう？」「何か聞きたいことある？」などと、いきなりオープンクエスチョンをして、部下がどう答えればいいか、とまどってしまうケースをよく見かけます。最初は、相手が答えやすいクローズドクエスチョンから入ることを強く意識しましょう。ポイントは「**クローズドクエスチョンで質問して、オープンクエスチョンで深く掘り下げる**」**のを繰り返す**ことです。

たとえば、こんなシーンです。

「先週の実行は、うまくいきましたか？　あんまりでしたか？」

これはクローズドクエスチョンです。

「うまくいきました」と返ってきたら、「何がうまくいきましたか？」などのオープンクエスチョンに切り替えていきます。本人が「うまくいきました」と言っているので、その事実をもとに聞いていけば、話が展開しやすくなるでしょう。

ここでさらに、

「それはどんな状況でしたか？　そこで、どんな人が関わりましたか？」などと質問していきます。

こうして質問しながら深掘りして、「うまくいった要素はここだったんですね。この認識で合っていますか？」とクローズドクエスチョンで確認します。ここで、また広いオープンクエスチョンをしてしまうと、いろいろな選択肢が出てくるので1回対話の流れをまとめるのです。

「そう思います」という答えが返ってきたら、その瞬間に相手との合意が形成されます。

「じゃあ、これで、うまくいくポイントに気づけたんだったら、具体的に明日からどういう実行をしていくかが大切ですね」と合意します。そのあとに、「どんなアクションが考えられますか？」と質問して、具体的なアクションプランに落とし込んでいくイメージです。

こうした会話の流れも1つのテクニックとして覚えておくといいでしょう。

「5W1H質問」で具体的な内容を引き出す

オープンクエスチョンをするときには、5W1H（Who-What-Where-Why-When-How）のフレームワークを活用すると効果的です。

話の流れをつくる質問のコツ

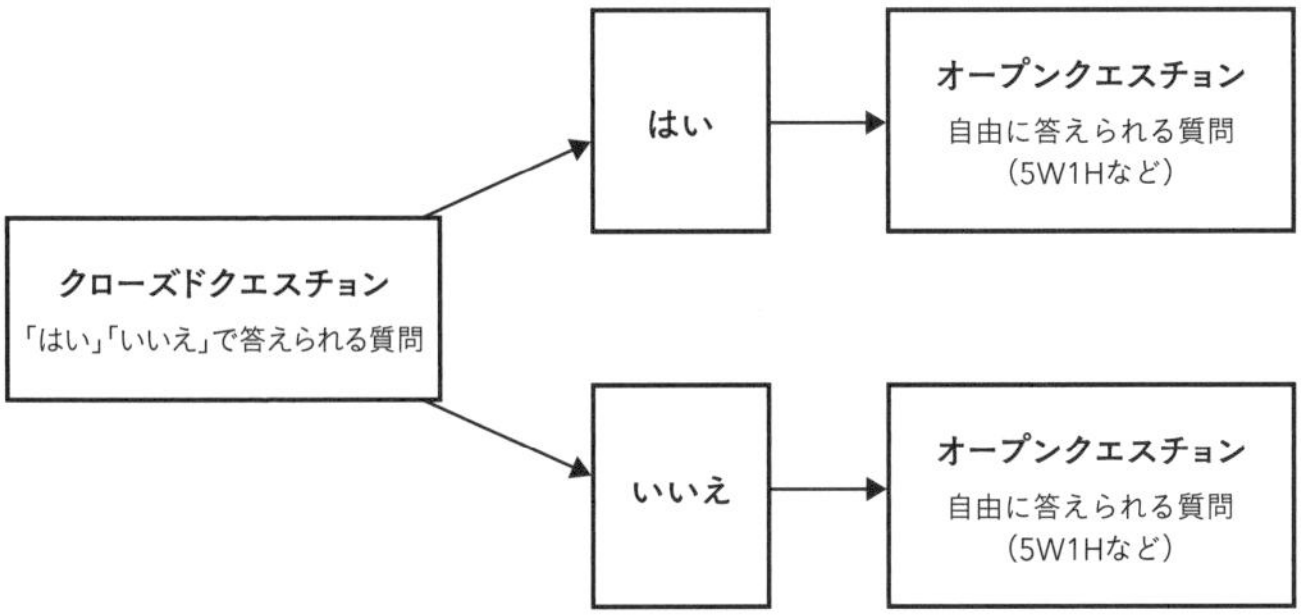

「クローズドクエスチョンで質問して、オープンクエスチョンで深く掘り下げる」を繰り返す

医者の診察プロセスをイメージすると一番しっくりきます。

まず何（What）が問題か（どういう症状なのか、風邪なのか、別のものか）、誰（Who）が関わっているか（誰かからうつったか）、いつ（When）その問題が発生したのか（最近なのか、頻度があるのか）そしてどこ（Where）に問題があるか（頭なのか、腹なのか）、そしてなぜ（Why）そうなったのか（食事なのか、他人からうつったのか）、原因と内容の特定。そしてどう（How）するのか？（処方せん）、どうやってやるのか？

このように**5W1Hで質問の視点を押さえてみると、部下が置かれた環境が漏れなく体系的に把握できる**ようになります。

よくあるのが、リーダーが部下たちに考えさせようとして「なぜ」ばかりを繰り返し質問してしまうパターンです。**「なぜ」を何度も繰り返すと、詰問のようになってしまいます。**部下を詰めるような感じになってしまうと、自発性はとうてい引き出せません。

「どこ」「どういった現場だったか」「誰が関係したか」「何が根本的な問題だと思うか」など、効果的なオープンクエスチョンの切り口を体系的に切り出せるようになりましょう。5W1H質問を実践して具体的に掘り下げてみてください。

「ひと言」を工夫してハードルを下げる

自分自身の経験を振り返ってみると、たとえ気さくなリーダーであっても部下は上司に気をつかうものではないでしょうか。上司と部下の関係性によっては、部下が緊張することもあるでしょう。

そこで部下が話しやすい雰囲気をつくるために、質問の前にハードルを下げるひと言を伝えるようにします。

・「思いつきでかまわないんだけど」
・「どんな小さなことでもいいから」

・「1つだけでいいから」
・「率直に聞かせてほしいんだけど」
・「一緒に考えていくにあたって」

こうした言葉を効果的に使うと、心理的なハードルが下がり、部下が構えずに答えやすくなります。

ここで紹介した質問の基本を実践するだけでも、コミュニケーションの質が劇的に上がりますので、ぜひ実践してみてください。

部下の答えを「承認」する

部下に質問して返ってきた答えを傾聴したら、上司はリアクションをとることになります。そこで求められるのが「承認」です。

「承認」とは、相手の意見を受け入れ認めることです。部下の話を聞いていて、その場で注意や指導をしたくなるポイントが出てくることもあるでしょう。でも、これでは指示になり、部下の気づきを引き出せません。ある意味での「我慢」も必要になります。

一方で部下の話を傾聴していると、考えや行動、成果など、すばらしいと思える話が出てくるはずです。それについて「いいですね」「よく考えていますね」などと伝えると、部下は自信を持つことができ、このままでいいんだと方向性についての気づきを得られます。

承認が重要な理由は、いろいろありますが、私は、つぎの3つのポイントがとくに重要だと考えています。

部下との対話に必要な3つのスキル

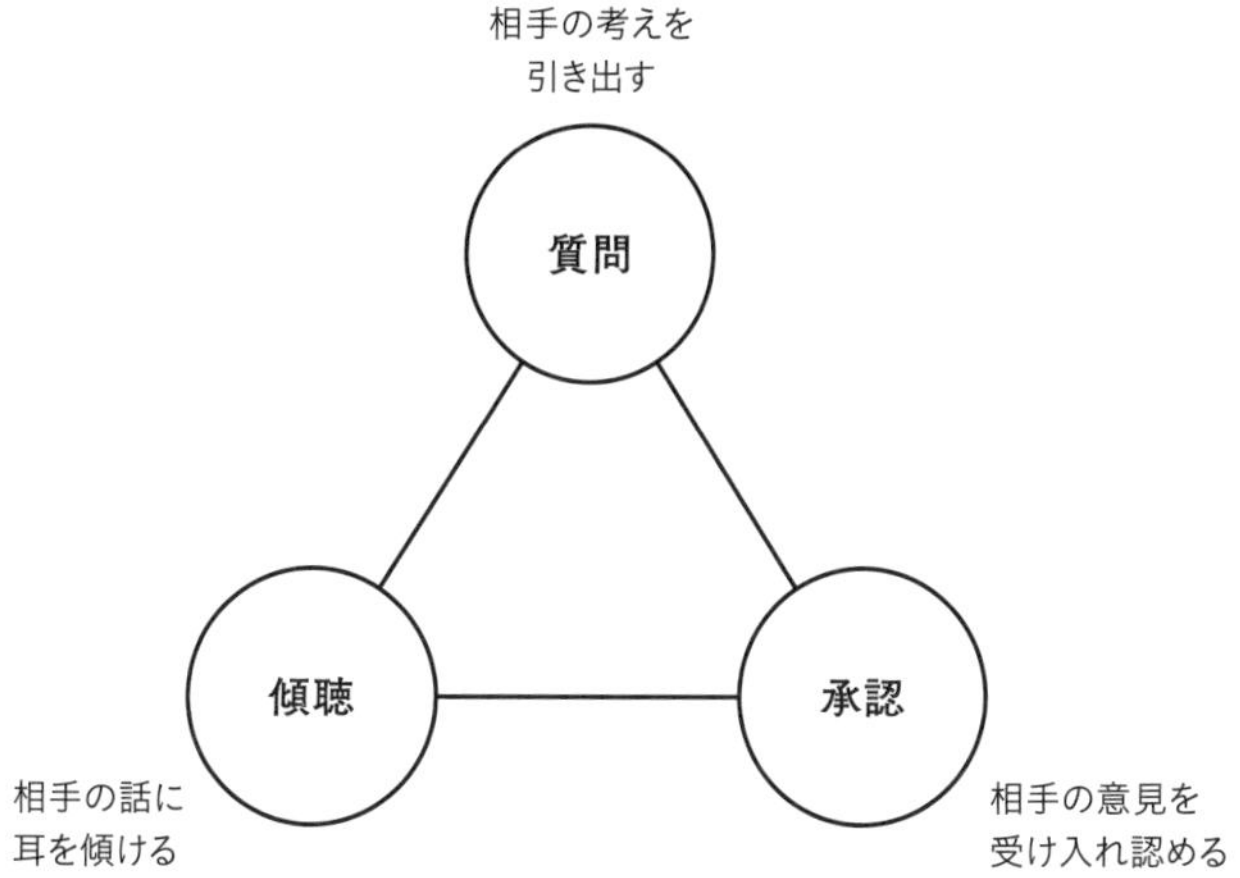

１つめは、**モチベーションの向上につながる**ことです。

部下は、承認を受けることによって、自分の努力や成果が認められたと感じ、自信が高まります。これにより、より積極的に業務に取り組む意欲が高まり、パフォーマンスの向上にもつながります。

たとえば、「これでいいのかな」と悩んでいるときに、上司から「それはいいアイデアだね。やってみよう」と言われたらどうでしょうか？　「これでいいんだ」と気が楽になり、すぐに行動する気になるはずです。

２つめは、**発言しやすくなる**ことです。

承認は部下に対して「上司がしっかりと

話を聞いてくれている」という安心感をもたらします。これにより、自由に意見を出し合ったり、新しい挑戦をしたりすることが容易になります。何でも話しやすい安心感が持てると、創造的な思考や問題解決の能力も高まります。

部下からすれば、自分の発言に対して、「それは違う」などと否定してくる上司よりも、「そう考えているんだね」といったん承認してくれる上司のほうが話しやすいのは明確です。

3つめは、**信頼関係の構築につながる**ことです。

上司が部下を適切に承認することで、信頼感が生まれます。部下は「上司は自分の成長や貢献をしっかり見てくれている」と感じ、より密接な対話ができるようになります。信頼関係が強まると、チーム全体の協力体制が向上し、円滑に仕事が進められるようになります。たとえば、上司から「○○さんなら」などとスキルや経験を具体的に承認されると、部下は自分が信頼されている感じがしてうれしいでしょうし、上司への信頼も厚くするでしょう。

ここまで、部下との対話で必要な3つのスキルである「傾聴・質問・承認」を説明しました。これらを身につけて対話をする、あるいは対話しながら身につけてください。

自発的動機づけをどう仕組み化するか？

上司として考えたいのは、部下の自発的動機づけをどう「仕組み化・習慣化」するかです。部下の自発的動機づけは、「質問で部下に気づきを促し、行動を支援すること」ともいいかえられます。

そこで本書で紹介するのが、「コーチング」「ファシリテーション」「エンパワーメント」という3つの手法です。

1つめの手法は、**「コーチング」**です。

部下の自発性を引き出すには、部下とコミュニケーションをふだんから積極的にとる必要があります。そこで大切なのが、まずは**個人単位で、部下に質問して気づきを促す**ことです。そのために、必要な質問にフォーカスして解説していきます。

業務で困っていることについて、指示やアドバイスではなく、部下の行動につながるようにサポートしていきます。これらは、日常業務はもちろん、1on1や面談などでも活用できるでしょう。

2つめの手法は、「**ファシリテーション**」です。

ファシリテーションは、会議で多くの人の議論を引き出し、活発化し、結論に導くスキルです。コーチングを1対1（個人）のスキルだとすると、**ファシリテーションは1対複数人（N）に問いかけて気づきを引き出すスキル**だといえます。

議論全体の流れを構成し、活発化させるための方法論を紹介します。

3つめの手法は、「**エンパワーメント**」です。

組織が拡大してくると、それに応じて部下とのコミュニケーションのとり方も変える必要性が出てきます。なぜなら自分が直接コミュニケーションできる範囲が限界を超え、「間接的」に部下を動かしていかなければならなくなる比重が高まるからです。そのときに活用したいのが、エンパワーメントの考え方です。

エンパワーメントとは、ひと言でいうと「力を与えること」です。組織やコミュニティ、

人と組織を急成長させる3つの手法

個人単位
コーチング

- 対個人に対して気づきを促し、行動を促進する

チーム単位
ファシリテーション

- コーチングを会議に応用して、チーム（複数の部下）に気づきを促して、行動を促進する

組織単位
エンパワーメント

- 部下の人数が増えると「数の壁」にぶつかる。自分が直接関わらなくても、組織レベルに気づきを促せる仕組みをつくる

個人が自らの力や能力を高め、主体的に行動し、意思決定や行動を通じて目標を達成できるように支援するプロセスを指します。具体的には、権限や責任を部下やチームに委ね、彼らが自らの力を最大限に発揮できるようにすることです。結果として、**自分が直接関わらなくても、気づきが生まれ自発的に動き出す組織へと成長していきます。**

この3つの手法は、私自身、現在進行系で活用しています。この領域は、私自身、グローバルトップレベルのトレーニングや理論、ワークショップなどでのインプットをもとに、私が実践した事例なども盛り込んだ内容です。

私の経験や事例とともに、3つの手法の組合せ方までを具体的に紹介し、実践しやすいよう

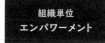

にしていきたいと思います。

そしてこの3つに手法の核として共通で活用するフレームワークが第1章でお伝えした「ギャップ分析」です。これによりシンプルかつ汎用的に3つの手法を駆使していただけます。

次章から、これら3つの手法についてくわしく解説していきましょう。

第2章

「コーチング」でひとりの部下に気づかせる

Episode

指示を出さないイタリア人上司

私が大学卒業後に就職した大手外資系IT企業のSAPにて、30歳のときに初めて管理職に昇進しました。幸いなことに、SAPには1on1ミーティング（以降1on1）の制度があり、定期的に上司と部下が面談をしていました。しかし当時は1on1やコーチングについての情報がいまほど豊富ではありませんでした。

当時の部下たちは私を上司というより先輩と見ていて、経験があるから選ばれたという理由で最初のうちは1on1で話を聞いてくれていました。私が1on1で話していたのは主に数字の進捗管理で、どちらかというと部下を詰めるような感じになっていました。そのため、1on1は課題の指摘や改善の指示が中心で、一方通行のやりとりが続いていました。次第に1on1の雰囲気が重くなりました。1on1が終わったあとに振り返っても、自分が話してばかりで、部下たちからの意見はほとんど上がってきませんでした。我慢できなくなった部下からは、「この1on1、意味がありますか？」「金田さんは男性には呼び捨てですが、女性にはさんづけで距離を感じます」などと言われ、1on1の進め方を見直すことにしました。

部下との1on1に悩んでいるときに出会ったのが、「はじめに」でも触れたミケレです。ミケレはイタリア人で、周囲に聞けば、前職で発揮した手腕を買われてSAPに入社したとのことでした。私にはイタリア人のビジネスパーソンについてとくにイメージがありませんでした。アメリカ人ならマイクロソフト社のビル・ゲイツやアップル社のスティーブ・ジョブズなど創業経営者のイメージがありますが、イタリア人についてはまったく思い浮かばず、せいぜい日本でも知られるサッカーリーグセリエAの選手たちを思い浮かべる程度で、陽気で情熱的でおしゃべりで、おしゃれなイメージでした。

ところが、目の前にいるイタリア人ミケレは、そのイメージとは大きく異なり、冷静沈着で口数も少なく、情熱が全面に出るタイプではありませんでした。当時の私は彼に力強さを感じられず、不安に思い、「この人は本当に仕事ができるのか？」とさえ疑いました。それでも頼るべきはミケレしかおらず、私が推進した組織（インサイドセールス）は当時の日本には少ない例だったため、前職のグローバルIT企業で同様の組織をリードしていた彼の意見は非常に重要でした。

ミケレとの１ｏｎ１は、私がこれまで経験してきた１ｏｎ１とはまったく違いました。プレイヤー時代の私は、上司との１ｏｎ１が毎週ゆううつでした。目標の達成や計画の進捗管理がメインで、詰められることが常でした。しかし、ミケレはまったくそのようなことはしません。「今日のランチは何を食べた？」「日本でおすすめのパスタはあるか？」「イタリアのフィレンツェに近い日本の港町はどこか？」など、仕事に関係のない軽い話題から展開されました。「ミケレは、私のイメージするイタリア人と違うよね？」と私が聞くと、ミケレは「日本人のイメージするイタリア人は、南イタリアのノリなんだよね。私は北イタリアだから恥ずかしがり屋なんだ」などと気軽に話せるような楽しい雰囲気がありました。仕事の話題に切り替わっても、詰めてくるようなことは一切なく、「調子はどう？」「最近困っていることはあるか？」といった素朴な質問を次々としてくれ、不思議と相談しやすい空気があり、私もいろいろ話せました。

力強さは感じなかったものの、こういう１ｏｎ１の進め方もあるのかと驚きました。そこで、ミケレのやり方を見様見真似で自分の部下たちとの１ｏｎ１に取り入れるようにしました。平たくいえば、表面的な模倣です。最初は部下との信頼関係がうまく築けていませんでしたが、中には心を開いてくれる部下もいて、次第に発言が増えていき、変化が現れていることを実感していました。

それから1年後、ミケレが直属の部下たちを集めたリーダーシップ研修を主催しました。中国、韓国、オーストラリアからも仲間が集まり、そのテーマが「コーチング」でした。そこで私はコーチングの理論を知りました。私がミケレとの1on1で体験していたのは、コーチングのテクニックの数々だったのです。リーダーになって1年後、ミケレからの何気ない問いかけの背景には緻密な計算があったことを知りました。もっとも、ミケレのやり方は表面的なテクニックではなく、熟練したものだったのです。ミケレの1on1は、コーチングの理論をベースにしていたことを知り、そのエッセンスを取り入れることで、さらにうまくいくようになりました。

それ以来、私はコーチング理論を学び、実践するようになりました。そして部下たちの気づきを促すためにどのように質問すればいいかをとくに強く意識しました。部下たちが気づいた瞬間、顔がぱっと明るくなるのを見ると、「そうか、こうすればいいんだ」と思いました。私のコーチングにより部下たちが気づけば、思考が開け、行動が変わります。そして行動が変われば成果も変わります。成果が生まれれば、組織の勢いが増していき、部下たちがその潜在能力を発揮してくれるようになりました。

「コーチング」とは

30歳のときの私の失敗体験

前述のとおり、私自身がコーチングを実践する機会に迫られたのは、30歳で若手の部下を持ったときのことです。**マネジャーとして最初に身につけるべきスキル**だと強く意識した自分のスキル開発の領域でした。

私はプレイヤーとしての実績を評価され、30歳のときに部長に抜擢され有頂天になっていました。

その状態で初めて若手の部下を8人持ったので、プレイヤー感覚から抜け出せずにいたのです。「実績を出していた自分のやり方がベストだから、積極的に指示を出して部下たちを動かし、そしてサポートしていこう」という態度で部下に接していました。

それぞれの部下とデスクやミーティングスペースで、「ここが問題だね」と問題点を指摘したうえで、「こうやると成果が出ると思うよ」とアドバイスしていました。当時の私は、典型的な指示型のスタイルで、自分のやり方を伝えるだけの一方通行でしたから、部下の話は聞き出せません。

新しい組織を立ち上げて成果を出すというミッションを抱えている一方で、大きな不安を抱えている経験の浅い若手の部下がほぼ全員、という状況でした。しかも、私自身は、自分のやり方を伝えることはできても、「やれ！」と強く押しつけられる性格でもありません。部下からすれば、何だか頼りない上司に見えていたでしょう。

自分の過去の成功体験をアドバイスとして押しつけるだけでは、うまくチームが回らない。私だけでできることにも限りがあるので、部下たちと力を合わせることが欠かせない。この状況を打開するために、私は「コーチング」を本格的に学び始めました。

コーチングとは「質問で相手の自律的な行動を促す」行為

あなたはコーチングという言葉にどんなイメージを持っていますか？

スポーツの世界でのコーチをイメージしていただくとわかりやすいかもしれません。コーチは選手に対して主体的な思考と行動を促し、そのパフォーマンスを最大限に引き出します。

では、ビジネスの世界におけるコーチングはどういうものでしょうか？

コーチングについて、日本コーチ連盟の定義を抜粋すると、「相手が状況に応じて自ら考え、行動した実感から学ぶことを支援し、相手が本来持っている力や可能性を最大限に発揮できるようサポートするためのコミュニケーション技法」と掲載されています。

これを私は、「**質問によって相手に気づきを与えて、相手の自発的な行動を支援するコミュニケーション技法**」とシンプルに解釈しています。

では、なぜコーチングがビジネスの世界で注目され、さまざまな企業で実践されるようになったのでしょうか？

さまざまな理由が考えられますが、最大の理由は、事業環境が複雑さを増す中で「こうすればよい」という過去の成功体験が通じにくくなっているからです。つまり、**上司の指示やアドバイスどおりにすれば、必ずしも正解が出るとは限らない**のです。部下といっても、世代、性別、専門性、キャリア、価値観、国籍などは人それぞれで、みんなそれぞれの違った存在です。仕事でも、定型業務だけではなく、関係者や状況に応じて最適解が異なります。上司が「当たり前」「常識」と考えていることでも、部下にとってもそうとは限

コーチングとは

コーチング（日本コーチ連盟の定義を抜粋）
相手が状況に応じて自ら考え、行動した実感から学ぶことを支援した相手が本来持っている力や能力を最大限に発揮できるようサポートするためのコミュニケーション技法

▼

つまりは、
質問によって相手に気づきを与え、相手の自発的な行動を支援するコミュニケーション技法

・コーチ（coach）――語源は「馬車」。ハンガリーのコチ（Kocs）という町の名に由来

りません。**上司と部下の考え方が違うという前提に立って、対話を進めていくことが求められます。**

こうした背景のもとで、個人レベルでの対話の量が少なく質が低い組織では、十分な成果を出せません。その点、**１on１のような形で個人レベルでの対話の量を増やし、質を高める仕組みとしてコーチングは有効な手段**です。

コーチングと１on１を混同しない

コーチングと１on１との関係について、１on１で目標の進捗管理をすることがコーチングだと混同している人がいます。１on１とコーチングにはそれぞれ異なる目

的や役割がありますが、混同されやすい点が多いです。

1on1は、部下との信頼関係を築き、コミュニケーションを深めるための場であり、部下のキャリア成長やパフォーマンス向上をサポートするための「対話」の機会です。この1on1の場でコーチングを活用することは非常に効果的で、部下が自ら考え、成長するプロセスを促すことができます。コーチング自体は、部下の気づきや成長を促すための「対話」であり、進捗管理や指示とは異なるものです。

1on1と目標進捗管理は目的が異なるため、これらを区別して行うことが重要です。1on1の中で前半をコーチングに、後半を目標進捗管理に充てる、あるいは目標進捗管理の時間を1on1とは別に設定するなど、双方をバランスよく取り入れることが重要です。このような工夫により、部下の成長とパフォーマンス管理を同時に実現できます。上司は、**コーチングに焦点を当てた時間をつくりながら、進捗管理も疎かにせず、全体のバランスを保つ**ことが求められるのです。

コーチングのメリット

コーチングには、どのようなメリットがあるのでしょうか？　ここでは私が考えるコーチングのメリットを３つ紹介しましょう。

メリット①対話の定着化

１つめは、定期的な対話を通じて、**部下との信頼関係を構築できる**点です。

仕事が終わったあとの飲み会などで信頼関係を築くのも１つのやり方ですが、業務時間内に信頼関係を構築できたほうがいいでしょう。飲み会なんて行きたくないと考える人も珍しくありませんし、声をかけるのに気をつかう上司もいます。仕事では好き嫌いや相性に関係なく、信頼関係を構築する必要があります。そこで、部下と対話する時間を定期的にセットして、接点を増やすのが効果的です。

上司と部下の会話は、どうしても目の前の仕事や目標が話題の中心になります。そこで日常の仕事から切り離したコーチングを実施するのがおすすめです。部下に指示・指導するのではなく、質問によっていろいろな声を拾い上げる、そして能動的に動けるようになることを意識しながら、質問・フィードバックします。

コーチングを実践する場としては、部下との定期的な1on1を設定すると効率的です。ただし、1on1だけがコーチングの場ではありません、ワークショップやOJT、あるいは商談後やプロジェクト後の振り返りなど、さまざまな場でコーチングを実践できます。そのような場を準備して、実践し、フォローするという一連の流れを習慣化していきましょう。そうすれば、結果的に部下との対話が定着していきます。

メリット②問題の早期発見

2つめは、問題を早期に発見し解決できる点です。

問題を早期に解決するためには、「うまくいっている情報」よりも「うまくいっていない情報」が必要です。メールや資料で強制的に報告させるやり方ではなく、**部下のほうから、困っていることや課題だと感じていることを自発的に知らせてくれる仕組み**をつくることです。

よくあるのが、部下が何かしらの問題を抱え込んでしまい、どうしようもなくなってから報告が上がってくるケースです。早期にその問題を共有できていれば、上司としても何らかの対処ができます。

なぜコーチングが重要か？

対話の定着化
部下との関係づくり

- 部下との定期的な会話接点の増加
- 仕事を進めるうえでの率直な対話

問題の早期発見
風通しのよい組織風土

- 部下のモチベーション変化の察知
- 業務・組織運営上の潜在リスクの把握

部下主体の能力開発
組織能力の底上げ

- 対話を通じての部下の学習機会
- 部下の気づきと行動にもとづく能力開発

コーチングを実施していれば、部下のモチベーションの変化を早期に察知できます。上司は部下の情報を吸い上げて、風通しのよい組織風土をつくることも求められます。たとえば全体会議の場で上司が「今週はこうしましょう」と一方的に伝えるのではなく、部下からの情報を吸い上げて、チームとしての方向性をそろえていくこともできます。

ほかにも、業務・組織運営上の潜在リスクも把握できます。部下の疲れに由来するミスや、人間関係上のトラブル、メンタルの問題も事前に察知できる可能性も高まるでしょう。

メリット③部下主体の能力開発

3つめは、部下主体の能力開発を進められる点です。

コーチングの実施を通じて、部下は「やらされる」のではなく「自らやる」姿勢となり、部下の能力やスキルを磨くことにつながります。意識を変えてもらうためには、コーチングの中で、質問とフィードバックを何度も繰り返すことです。そしてアクションを決めて、翌週にフィードバックするという流れになります。

部下は実際に行動した結果から気づきを得て、学習していきます。**行動した結果をベースとした学習**を通じて、実践的な学習効果を高めていくことができるので、コーチングは教育の場にもなります。

ここで紹介した3つのメリットは大きく、上司として部下との時間を投資する価値がおおいにあります。

「コーチングのトライアングル」実践ステップ

ここでコーチングを進めるステップを、第1章で紹介した「ギャップ分析のトライアングル」を用いて説明します。「目指す姿」「現在の姿」「ギャップの原因」の3つのポイントを意識して、これから説明するステップでコーチングをしましょう。

ステップ①「目指す姿」を明確にする

まずは質問によって部下の「目指す姿」を明確にし、双方で認識を合わせます。ゴールが明確でないと、質問する上司は何のために質問をするのかが明確になりませんし、質問を受ける部下も上司の意図がつかめず、どのように回答すればいいかも明確になりません。

そして、お互いの視点が目先のことばかりに向いてしまい、視野の狭い対話しかできなくなります。これでは、部下に何らかの気づきや動機をもたらすことは難しいでしょう。

「目指す姿を意識した質問」で相手の視点を「将来」に向けさせてあげることで相手に気づきや動機をもたらすのです。

コーチングがうまくいかない人はここをスキップすることが原因です。したがってコーチングの実務においてしっかりと時間をかけるパートになります。

質問例

・1年後（3年後）にあなたはどんな役割やポジションで活躍していたいですか？
・そのためにいまあなたはどんなゴールをいつまでに達成したいですか？
・そのためにあなたが最も強化したいスキルや能力は何ですか？

ステップ②「現在の姿」を把握する

2つめは質問によって部下の「現在の姿」を明確にし、双方で何を解決すべきかの認識を合わせます。ここでは、現在、「目指す姿」に対して何ができていて、何ができていないかといった「課題」を把握します。その質問の際に、現在の状況を知るために**できる限り客観的な事実やデータを部下から聞き出し、その課題を裏づけしていくことが大切**です。

質問例

・いまあなたはどんなことに悩んでいますか？（何が課題ですか？）
・それを裏づける最近の出来事やデータはありますか？
・その課題の原因として考えられる出来事や変化は最近ありましたか？（それは何ですか？）

「現在の姿」を明確にする際、**部下が「いまできること」に注目してみるのも効果的**です。
そのためには、部下の過去の経験や知識、そして強み、あるいは価値観から行動に応用できることを見つける質問を投げかけてみましょう。そうすると、相手の視点をずらし、何らかの気づきをもたらすことができます。ここをスキップしていきなり「では、どうする？」と行動設定に進んでしまいがちですのでぜひ意識してみましょう。

質問例

・以前に似たような課題を解決したときにあなたはどんな行動をとりましたか？
（その行動を応用することはできますか？）
・その課題を解決するために、これまでの経験や強みをいかせることはありますか？
・その課題を解決するために、これまで支援してくれた人はいますか？

ステップ③「ギャップの原因」を特定する

ステップ②までで部下の「目指す姿」と「現在の姿」の骨格が見えてきます。そこでステップ③は質問によってその「ギャップの原因」を把握し、解決に向けたアクションに結びつけます。このステップでは、「クローズドクエスチョン」と「オープンクエスチョン」を繰り返して（58ページ参照）、**部下が感じる課題の「根本原因」まで深掘りして考えてもらう**ことが大切です。

根本原因とは課題の枝葉ではなく「根っこ」です。課題の根本原因を絞り込めるほど、その課題に対して何をいつまでに行動すべきかが見えてきます。

上司が質問で部下の課題を深掘りしてその根本原因を考えさせることで、部下は自らの問題解決能力を向上させられます。その意味で、このステップでの上司からの質問は、部下に対する教育効果の点でも大きく働きます。

質問例

・目指す姿と現状のあいだにある大きなギャップは何だと思いますか？

・そのギャップが生じている原因は何だと考えますか？
・その原因はどのような背景や要因から生じていると思いますか？

ステップ④「アクション」を決める

ギャップの原因が把握できたら解決に向けて思いつく限りのアクションを洗い出していきます。しかしながら、**それらの行動を一気に実行することは難しいので、その優先づけを行い、その第一歩を踏み出すステップを部下への質問で明確にしていきます。**

ここで質問をスキップして「まずは○○から行動してみよう」「○日までに報告してください」のようにいきなり部下に指示をしがちです。これでは部下を指示待ちにしてしまいます。質問で部下に考えてもらうことで行動を動機づけ、自主性を醸成します。その際に、部下が考える行動と上司が部下に期待する行動の内容や時間軸にギャップがあったら、それについても質問で部下に気づいてもらうことが重要です。状況によっては部下だけでなく上司として支援できる行動を明確にすることも意識しましょう。

質問例

・課題を解決するためにまずは何から行動していきますか？
・それはいつまでに実行できますか？
・その実行のために上司やチームに支援してもらうとよくなることはありますか？

この3つのトライアングルの流れの中で気をつけたいことは、途中で指示やアドバイスをしないようにすることです。

「あなたはここまで◯◯できたから、□□してみて」
「あなたはBさんとの関係づくりがうまくいった成功要因は、◯◯、◯◯、◯◯にあります。それを意識して、◯さんとの関係づくりに応用してみてください」

せっかく質問を工夫して話を引き出したのに、途中で指示やアドバイスしてしまうと、十分に効果を発揮できません。あなたがどれだけアドバイスがしたくなっても、コーチング実施の最後まで質問によって相手にそれを考えさせ、動機づけ、行動に結びつけてあげることが大切です。

トライアングルを意識しながら質問をする

部下との会話の例をもとに、「ギャップ分析のトライアングル」を意識しながらどう質問していくかを見ていきましょう。

たとえば、部下があるお客さんとの信頼関係づくりで悩んでいると言ってきたとしましょう。

お客さんとの信頼関係がうまくつくれない部下に対して、効果的なコーチングを行うためには、まず部下が目指す姿と現在の姿を理解し、その問題の根本を質問によって掘り下げる必要があります。つぎのステップにもとづいたコーチングのやりとりが効果的です。

まずは準備として、この対話のゴール設定をします。ここでも上司からテーマを設定せずに、部下から引き出すと効果的です。

上司「今日は何について話したいですか？」

部下「お客さんとの信頼関係をつくるのがうまくいっていなくて悩んでいます」

上司「そうなんですね。たしかに、お客さんとの信頼関係をつくるのは、営業では大切ですよね。少しでも関係をよくするためにどうすればいいか、を一緒に考えてみましょう」

部下「お願いします」

ステップ①「目指す姿」を明確にする質問

上司「お客さんとの信頼関係を築くことで何を目指していますか？　どうなりたいですか？」

部下「お客さんの本音が聞けるようになり、お客さんに対する深い理解と提案ができるようになりたいです。そしてお客さんと長期的な関係をつくりたいです」

上司「そうか。お客さんとの関係が深くなり、そして長くもなるということですね」

部下「はい」

部下が何となく描いている「理想の姿」について質問して、部下の視点を目先の姿から「目指す姿」へと意識づけられます。

上司「あなたはどんな変化を望んでいますか？」
部下「お客さんに対する苦手意識を変えて、お客さんの本音が聞けるようになりたいです」
上司「今回を機に自分の苦手意識を変えて自信につなげたいんですね」
部下「はい」

「あなたはどんな変化を望んでいますか？」と質問し、相手の変化に対する意思を把握します。この質問で相手に対して変化を動機づけるきっかけをつくることもできます。

ステップ②「現在の姿」を把握する質問

上司「いま、どんなことに苦労していますか？」
部下「お客さんの話を深く理解できてないと思います」
上司「そうですか。それによって困っていることはありますか？」

部下「そのせいで会話を広げられなくて、先日は30分の会話を続けるのがやっとでした」
上司「なるほど。実際どのくらいの頻度でお客さんと会っていますか？」
部下「お客さんと定期的に会えることもできていません。いままでは1か月に1回会えるかどうかです」
上司「そうですか。お客さんはどう感じてますかね？」
部下「おそらくお客さんは私と会う価値を感じていないのだと思います」

このステップでは、部下をとりまく現在の状況について、具体的な事実を聞き出していきます。現在、苦労していることや困っていることについて聞いていき、相手が何をどう感じているのかを引き出していきます。

ステップ③「ギャップの原因」を特定する質問

上司「お客さんと信頼関係を築くうえでどんな点が難しいと感じていますか？」
部下「お客さんが何に関心があるかわかりません。だから効果的な質問もできません」
上司「なぜお客さんが何に関心があるかわからないと思いますか？」

部下「うーん、お客さんが関心を持ちそうなことを整理できていないかもしれません」
上司「もしお客さんが関心に持ちそうなことを事前に整理できていたら、お客さんに何を話して何を質問するといいかのイメージはわきそうですか？」
部下「はい」

「お客さんとの関係を築くうえでどんな点が難しいと感じていますか？」と質問し、目指す姿である信頼関係を築けていないギャップの原因を特定します。

上司「お客さんの視点に立つと、どう感じると思いますか？」
部下「どれだけ自分のことをわかっているのだろう？と感じているかもしれません。すると時間がもったいないから適当に切り上げたいとも感じるでしょうし、できることならアポの回数も減らしたいと感じるでしょう」

「お客さんの視点に立つと、どう感じると思いますか？」と問いかけ、部下にお客さんの視点を目指す姿とのギャップを想像させます。

上司「お客さんが期待していることや、あなたがその期待にどう応えられているか、どのように感じますか？」
部下「先ほどの会話で感じたのですが、お客さんのことをもっと深く理解するために事前調査したり、準備したり、きちんと整理してアポに臨むことが期待されているように感じました」

「お客さんが期待していることや、あなたがその期待にどう応えられているか、どのように感じますか？」というような質問で、部下がギャップに対する自己認識を深める手助けをします。

上司「過去に信頼関係がうまく築けた経験はありますか？」
部下「はい、あります」
上司「過去に信頼関係がうまく築けたときは、どんな行動をとっていましたか？」
部下「いまのお客さんほどではないですが、少し時間の余裕があったのでホームページでお客さんのことを調べてからアポに臨んでいました。少なくとも、最近のニュースやSNSでネタを集めてからお客さんと会話ができていたと思います」

上司「お客さんとの会話はどれくらい続いていましたか？」
部下「1時間の打ち合わせにストレスは感じませんでした」
上司「その当時のお客さんとは定期的に会えていましたか？」
部下「はい、お客さんと定期的に会うこともできていました」
上司「これまでの経験をどう使えば、この状況を変えることができると思いますか？」
部下「以前はノートを使っててていねいにお客さんのことを整理していました。いまではそんな時間がなく疎かにしていたかもしれません。もしかしたら初心にかえってお客さんのことを調べてノートに整理したうえで、毎回のアポに臨むと状況を変えられるような気がしてきました」
上司「マメな性格が強みってことですよね。アドバイスしてもいいですか？　その性格をいかしてお客さんに対するフォローアップもていねいにやってみたらどうですか？　そしたら定期的に会う機会が増える気がしましたけどどうですか？」
部下「たしかに。やってみる価値はあると思います」

「過去に信頼関係がうまく築けたときは、どんな行動をとっていましたか？」とギャップに対する解決策として過去の成功体験を引き出します。そこから部下の強みをいかす方法を探ります。

「あなたが持っている強みをどう使うと、この状況を変えることができると思いますか？」と促し、自己解決を引き出すことが重要です。部下にこのような成功体験がなく、スキルのギャップを質問で特定し解決を図るケースもあります。

ステップ④「アクション」を決める質問

上司「次回の商談や会話で、どんな行動を試してみたいですか？」

部下「はい、まずはこれまでの商談でお客さんが関心を持ったことや繰り返し使われたキーワードをノートに整理します。そして毎回の商談の前にお客さんに関するニュースやSNSで気になる情報をノートに整理しておきます。お客さん個人の関心もノートに整理しておきたいと思います。たとえば好きな食事や趣味などです」

上司「その行動を実行する際、どんな準備をすればうまくいきそうですか？」

部下「はい、まずは今週中に先ほどお伝えしたことをノートに整理してみます。できれば

　　そこでレビューをしていただけると助かります」
上司「わかりました。今週金曜日にそのレビューの時間を入れましょう。そのうえで、次回の商談までにお客さんが関心を持ちそうな内容を優先づけして、私たちが解決できることを整理してみるとさらに効果的だと思いましたがどうですか？」
部下「はい。たしかにそのほうが効果的と感じます。その点も今週のレビュー時に相談に乗ってください」
上司「質問についてもどうですか？　もしかしたら質問も事前に準備しておくと当日効果的な対話がお客さんとできるのでは？」
部下「そうですね。質問についても事前にまとめておきたいと思います」

「次回の商談や会話で、どんな行動を試してみたいですか？」と具体的な改善行動と期限を考えさせます。「その行動を実行する際、どんな準備をすればうまくいきそうですか？」と、実行可能なアクションプランを一緒に作成します。そしてその準備にあたって、どんなサポートを望んでいるかを聞き出します。

上司「その後どうでしたか？　新しいアプローチでどんな変化がありましたか？」

部下「はい。いきなり完璧にはいきませんでしたが、先日レビューいただいた資料をたたき台にお客さんの関心を引き出すことができました。これまで30分と会話が盛り上がりませんでしたが、1時間充実した商談になったように感じます。フォローアップについて改善の余地があり、お客さんと定期的に会える仕掛けをつくっておきたいと思います。その点についてまた相談に乗ってください」

上司「前回に比べて大きな前進じゃないですか。あなたのマメさは大きな強みですね。今回の前進をきっかけにお客さんとの信頼関係を深く築くことができたら、あなたが目指す姿に大きく一方前進できますね」

一定期間後に「その後どうでしたか？」「新しいアプローチでどんな変化がありましたか？」とフォローアップで振り返り、部下に「早期の成功体験（アーリーウィン）」を積ませることが重要です。

このように**部下の改善点だけでなく、成長を称賛し、モチベーションを維持させる「フィードバック」を行います。このようなやりとりを通じて、部下は自身の課題を認識し、自ら改善策を見つける力を養うことができます。**

コーチングでも3つの要素はどれも欠かせない

このように、トライアングルを意識しながらコーチングすると効果的です。目先の手段にとらわれることなく、上司らしい大きな視点を持ちながら、部下の気づきを引き出しアクションへとサポートできるでしょう。

そして、トライアングルを頭の中に描きながら、部下への質問を進めていくと、気づきや行動を促すことができます。その際にホワイトボードやA4用紙などに一緒に書いて議論を「可視化」しながら打ち合わせする方法もおすすめです。

ステップ①から③までの話を聞く順番はあくまで理想で、部下とのふだんからの対話量や関係性などによっても変わってきます。第1章でも述べたとおり、3つがそろっていないと、部下は自発性を発揮しづらいということです。「目指す姿」だけを話していたのではただの理想論ですし、「現在の姿」だけを話しても目的がわかりませんし、狭い範囲での「ギャップの原因」だけでは目先の話になってしまいます。

「もっと目標達成への意識を高く持つべきだ」「難しく考えずに、とにかくやりなさい」

「こうすべきだ」といった指示やアドバイス、あるべき論だけでは、部下は自発的に行動できません。ギャップ分析の3つのステップをスキップしていきなり解決策（アクション）を打診するとそうなります。

この3つの要素を確認しながら話せば、部下自身が「どこに課題があるか、その課題を解決するために、どのような行動をとればいいか、その際にどのようなサポートを上司から受けられるか」を明確にイメージできます。結果として、部下は自分がやるべきことが明確になり、なぜそれをやる必要があるのかまで納得できているので、行動しやすくなります。さらに、その過程で自信が身につくでしょう。

コーチングとティーチングの違いは「答え」にあり

「ギャップ分析のトライアングル」を意識しながらコーチングしていく方法を紹介しました。コーチングへの理解をさらに深めるうえで、「ティーチング（教育）」と比較するとわかりやすいので、「コーチング」と「ティーチング」の違いに注目しましょう。

ティーチングは部下に「答えを教える行為」です。

上司が部下に対してベクトルが向いている状態で、一方通行だといえます。上司は、「**指示（アドバイス）**」「**命令**」「**指導**」といった行動をとります。

ティーチングは、「答え」を教えるわけですから、そのとおりに行動してくれれば、問題を早く解決できます。「上司が自分でやってみせる」のもティーチングの一種です。一方で、ティーチングばかりになってしまうと、「答え」を教えてもらうのを待つようになり、言われたことをやるだけの受け身な状態になってしまいます。いわゆる「指示待ち」です。

■ コーチングとティーチングの違い

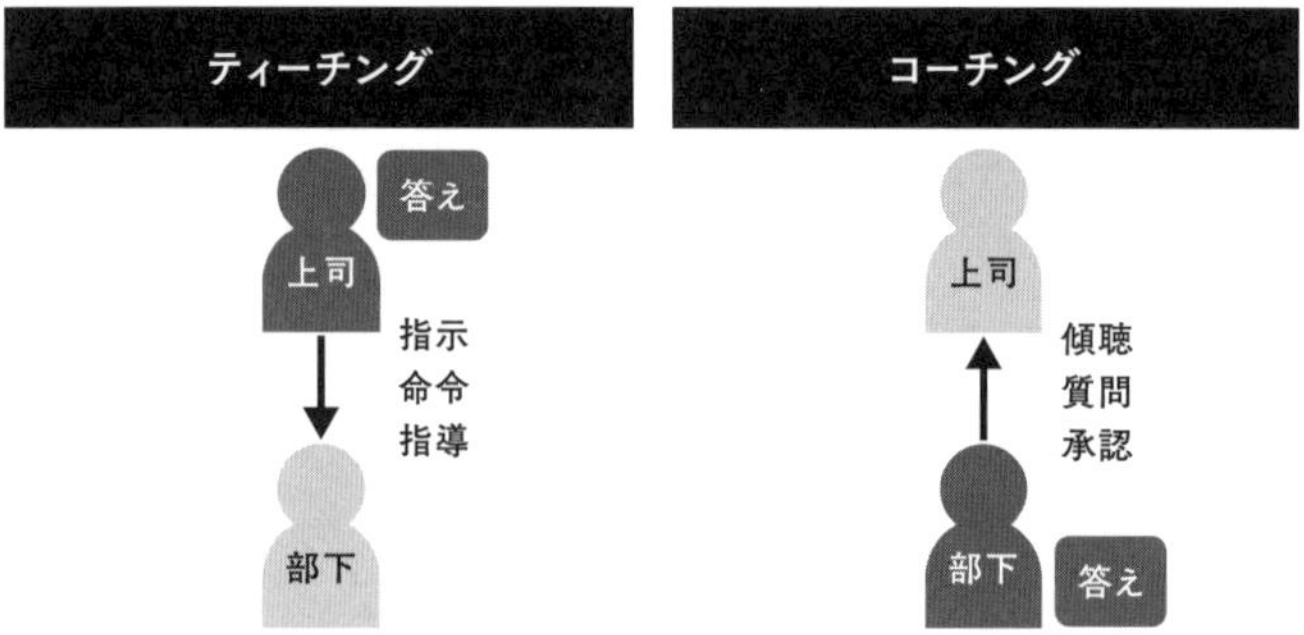

上司が「答え」を教える

問題は早く解決されるが部下は受動的になり「答え」が与えられるのを待つようになる（指示待ち）

部下から「答え」を引き出す

部下が考えることで、こちらが思ってもみなかった「答え」を引き出せる可能性がある。相手の自発性も芽生える

つまり、ティーチングすればするほど、指示待ちの人間を自ら育ててしまうことになるのです。ただし、ティーチングは答えが明確であるほど部下はすぐに成果を出すことができ、それを否定しているわけではありません。

一方の**コーチングは部下から「答えを引き出す行為」**です。

答えは部下の意識の中にあることを前提に、上司が部下から答えを引き出すイメージです。具体的には、第1章で紹介した「**傾聴**」「**質問**」「**承認**」を意識しながら引き出していきます。

コーチングによって部下が考えると、こ

ちらが思ってもみなかった答えを引き出せることがあります。自分で見つけた答えですから、それを実践するときには自発性も芽生えます。ところが、コーチングでは、ティーチングほど問題をすぐに解決できません。

「ティーチング」と「コーチング」は状況で使い分ける

ティーチングとコーチングの違いは、実務では大きなジレンマを生み出します。「ティーチングのほうが部下に対して効果がすぐに出るものの、部下からの指示待ちの状況をつくってしまう」というジレンマです。

限られた時間の中で、「問題を早く解決しなければならない」「計画を早く遂行しなければならない」「期限に間に合わない」など、それぞれのミッションを達成するために差し迫った状況では、ティーチングすることが求められます。

このジレンマの中で、「どれだけ意識的にコーチングするか」が大きなポイントになってきます。

上司と部下のコミュニケーションは、「コーチングか、ティーチングか」の二択で考える必要はありません。真面目な人ほど、「ティーチングはもうやめて、コーチングしかやらないようにしないと」と捉えてしまう傾向があります。状況に合わせて、ティーチングとコーチングを柔軟に使い分けましょう。

「コーチングかティーチングかの二者択一ではない」と考えたうえで、部下から気づきを引き出し自発的に動いてもらうために、意識をコーチングへとシフトするようにしましょう。つぎにその効果的なアプローチを紹介します。

「ＳＬ理論」で部下へのアプローチを検討する

部下の成長度に応じて行動スタイルを変える

コーチングとティーチングを効果的に進めるには、部下の現在の姿を見極めることが求められます。そこで判断基準になるフレームワークが、「**ＳＬ理論**（Situational Leadership Theory）」です。ＳＬ理論とは、**部下の成長度（状況）に応じてリーダーの行動スタイルを変えながら、部下を中長期的に育成していくという理論**です。

ＳＬ理論は、縦軸に「問う（ASK）」、横軸に「教える（TELL）」をとったマトリックスで整理します（109ページ図参照）。「問う」はコーチング、「教える」はティーチングとしてイメージしてもらえばわかりやすいでしょう。それぞれの象限を、Situationalの頭文字のＳを使って、Ｓ1、Ｓ2、Ｓ3、Ｓ4をたどる形でカーブしていきます。部下のレベルは右から左へいくほど、発達（成熟）していることになります。
あなたの部下はどの状況にあるでしょうか？

・S1——指示型（Directing）

S1については、「指示型」がよいとされ、ティーチング主体で指示を出していきます。たとえば、新入社員が入ったときにはまだ業務や商品についての基礎知識がありません。そこで「問う」よりも「教える」ことを中心に対話を進めていきます。まずは業務知識や商品知識を教えて、基礎となる経験を重ねるためのベースをつくり伴走します。

・S2——コーチ型（Coaching）

S1にある部下が、経験を重ねて、業務や商品についての知識がどんどん増えてくると、自分でできることも増えて、教えることも減ってきます。するとS2へと移行していきます。S2は、「問う」と「教える」の両方が高い領域で、コーチングが機能しやすい状態です。そこで「コーチ型」のリーダーシップスタイルをとります。

部下は幅広い実践経験のバリエーションを積む段階にあり、「できること」と「できないこと」がある状態です。ある程度「できること」については、コーチング主体で部下のア

4つのリーダーシップカタイル（SL理論*）　SL: Situational Leadership

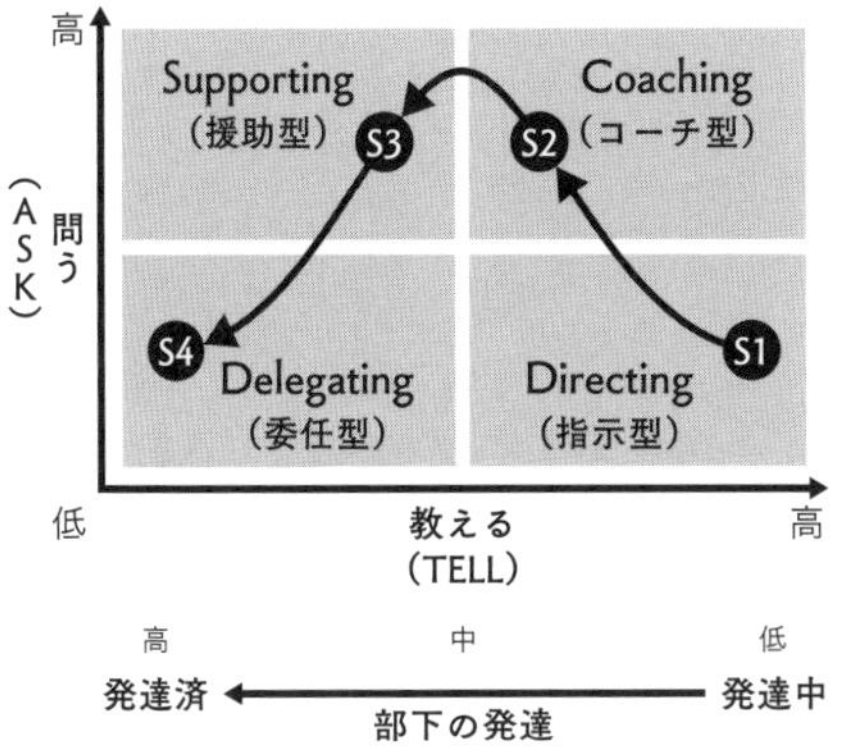

部下の発達段階に応じてリーダーの行動スタイルを変えていく

クションを促していきます。部下はまだ発達段階にあり、「できないこと」で経験や知識が必要なことについてはティーチングによる部下の能力開発も効果的です。必要に応じて、ティーチングをするといった組み合わせの行動をとります。

・S3——援助型（Supporting）

Ｓ２から、さらに経験を重ねて業務知識を獲得して教えることが少なくなってくると、Ｓ３へと遷移していきます。この段階では、「援助する」に移行していきます。

イメージとしては、「ひとりでできることも増えてきたから、基本的に任せるね。もちろん、何か困ったことがあったら、もちろん援助（サポート）しますよ」といったところです。部下に完全に任せて丸投げすると迷ってしまう可能性もあるので、その人だけでは解決できないことを援助します。その際には、コーチング主体で対話を重ねるようにしましょう。

このS3の領域にいる部下との対話は、「困ったことがあるかどうか？　組織上の課題は何か？」などの質問を起点に進めます。このときにあまりにていねいにフォローしすぎると、「教える」状態になり、上司に頼る場面が増えてしまうことも少なくありません。そうなると、S2、S1への逆戻りしてしまうケースがあるので、注意が必要です。

・S4――委任型（Delegating）

上司が援助しなくても部下はほぼ自力で行動できるようになり、S3からS4へと、「委任型」になっていきます。組織の主力として活躍している人はここにあたります。この領域では、「問う（コーチング）」「教える（ティーチング）」の比率が下がり、いかに権限を委譲して部下に仕事を任せられるかがテーマになります。この権限移譲については第4章で説明します。

あなたの部下やチームの状況はいかがでしょうか？

このマトリックスを念頭に、部下との対話を振り返ってみてください。たとえば、ティーチングに極端に偏っていないか、あるいはS2でのコーチングをすっとばして、優秀な部下に仕事を丸投げしていないかを考えてみましょう。

このように、部下の成長段階に応じて、ティーチングかコーチングか、リーダーの行動スタイルを変えていくSL理論を実践すると、自身の打ち手も増えてきます。打ち手が増えれば、部下に対する発展的な行動支援ができるようになるでしょう。

コーチングが機能する関係性を築く

上司と部下の「いい関係」とは何か？

「ギャップ分析のトライアングル」を意識しながら、部下に質問して気づきを引き出し、行動を支援するコーチングを紹介しました。

コーチングを学ぶと、部下との関係性を考慮せずにいきなり実践しようとして失敗してしまう上司たちを私はこれまでたくさん見てきました。私自身も例外ではなく、関係性がうまくいっていなかった部下もいたのは、エピソードで触れたとおりです。

こうした事態を避けるためにも、「部下との関係性がどのような状態にあるか？」を意識する必要があります。**関係性があってこそ、コーチングが効果的に機能する**からです。

心をあまり開いてくれていなくて本音を話してくれない部下もいるかもしれませんし、心を開いてくれていても適当なことばかりを話す部下もいるかもしれません。

上司と部下の「いい関係」とは何でしょうか。

上司と部下は友人関係ではないので、必ずしも親しい関係でいる必要もありません。親しい関係にはデメリットもあり、厳しく接することが求められる場面や、嫌われ役を引き受けなければならない場面もあります。そのため、部下と一定の距離感を保つことが仕事においてプラスに働くこともあるでしょう。

部下からしても、プライベートでも上司と仲良くしたいと思っている人はそう多くはないでしょう。自分が仕事で成果を出すために、適切にフォローしてくれることを望んでいるものだと思います。

私の考える**いい関係とは、オープンな関係のことです。つまり、仕事で成果を出すうえで必要なことを率直に話し合える状態**を指します。

部下との「いい関係」を築くためにできることを考える際に、「飲みに誘う」という選択肢を思い浮かべるリーダーも多いでしょう。そもそもお酒や酒席が苦手な人も多いですし、上司と飲みに行くよりも自分の好きなことに時間を使いたいと考える人も少なくありません。さらに、リモートワークを採用している会社であれば、そもそも直接会う機会が少なくなっている現状もあります。

そこで、**いい関係を築くためには、業務中に30分や1時間の対話（1on1）の機会を設定して、コミュニケーションをとるのがおすすめ**です。


上司自身の昇進・異動、部下の配属・異動などのさまざまな場面で関係を築くことが求められます。そんなときにはまずは自分のことを「話さなきゃ」と思いがちです。もちろんそれも効果的ですが十分ではありません。部下との関係性をつくる場面でも「質問」がおすすめです。**自分のことを知ってもらう以上に相手のことを理解する**のです。

では関係性を新たに築いていくためにどう質問していけばいいかを見ていきましょう。先ほど紹介した質問のパターンはこちらでも使えます。

まずは「テーマ設定」です。テーマをきちんと伝えておけば、質問の意図が伝わりやすくなります。

たとえば、「今日は時間をつくってくれてありがとう。縁があって一緒に仕事をしているから、○○さんのことをもっと知りたいと思っています。今日の30分は、仕事のことを話すというより、○○さんのことを知るためにこの時間を使ってもいいですか？」などと確認します。

こうしてテーマを設定すれば、部下は、今日の対話の目的は、直接的な仕事の話ではなくて、お互いへの理解を深めることだなと理解してくれるでしょう。

キャリアについて聞いてみる

ここから展開していくパターンはいくつか考えられます。「○○さんのことを知りたい」は前提が広いので、もう少し絞ります。

1つめは、キャリアについて考えていることを聞くパターンです。**部下のキャリアを考えることは上司の責務でありマイナス要素がありません。**上司からキャリアに関して質問されることで、部下は自分が尊重されていると感じたり、自分の成長が組織にとって重要であると感じたりすることも多いでしょう。

「まずは、○○さんがキャリアをどう考えているか、聞いてみたいんです」と前置きします。「○○さんがどうキャリアを描いているのかに合わせて、いろいろ今後の仕事のサポートの仕方なんかも考えられればと思って」と続けてもいいでしょう。

ここで、ハードルを下げた質問を投げかけて答えやすいように工夫します。

「5年、10年は結構長いからそれは置いておいて、1年から最大3年以内ぐらいで、何かざっくりでもいいからイメージしているキャリア像はありますか？」

こういう質問をすれば、その人の仕事に対する価値観などが見えてきます。部下によっては「キャリア」という言葉を使わずに、「1年後にどうなっていたい？」と聞くのも効果的かもしれません。

たとえば、「マネジャーに昇進して部下を持ちたい」なら昇進意欲、「部門でトップになりたい」「○○先輩のようになりたい」ならスキルアップ、「売上○○億円を達成したい」「社内の○○賞を取りたい」なら達成欲求や承認欲求、「年収○○万円」なら金銭欲、「自社サービスを通じてお客さんに貢献したい」なら貢献意欲などのように、その人が大事にしている価値観が見えてくるでしょう。その価値観について、5W1H質問でもう少し深く掘り下げるのもありでしょう。

もちろん、「そんなの考えたこともないです」というノーが返ってくる可能性もあります。その場合は、質問を変えます。

たとえば、「いまの仕事の状況に満足していますか？」という質問がおすすめです。満足していたら、「そうかそれはうれしいね。どういうところに満足していますか？」

「何やっているときがいちばん充実していましたか?」などと具体的に聞くのもいいでしょう。そういう場面をどうやって増やしていけばいいかについて話を展開できます。

「不満があります」と返ってきたら、そもそも話の状況が変わってきます。不満の程度を確認したほうがいいかもしれませんし、異動や転職などの話にもなるかもしれません。

仕事とプライベートの両方について聞いてみる

2つめのパターンは、もうちょっとプライベートのことを聞くものです。

「プライベートについて聞くのはNGなんじゃないの?」と思う人もいるかもしれません。

ここでいう「プライベート」とは「仕事以外の私的なこと」です。

もちろん大前提として、聞いてはいけないことを意識する必要があります。まったく仕事に関係なく職場の人に話したくないような「プライバシー」にかかわることは聞かないほうがいいでしょう。具体的には、相手との関係が築けていない状態で「恋人(パートナー)がいるか?」「結婚しているか?」などの質問は避けるのがマナーだといえます。自分の常識や価値観を前提にした質問は避けたほうがいいでしょう。

そこまでデリケートな問題ではなくても「趣味は何ですか？」と聞かれると、「えっ」ととまどう人が多いでしょう。「いやいや、あなたに趣味の話なんて言いたくないんだけど」と思われるのが関の山です。いかにも距離感を詰めに来たなと思わせて、かえって構えさせてしまうかもしれません。

とはいえ、プライベートについて聞かれること自体は別に嫌なことではないと私は思っています。私は外資系企業で外国人上司のもとで仕事をしていた経験などもあり、プライベートのことを聞かれて嫌な思いをした経験はほとんどありません。むしろオープンだからこそ、お互いの価値観への理解が深まり関係性が強くなる部分も大きいと考えています。多国籍・多言語・異文化が前提だから、わからないことは質問すればいいと考えるのが当たり前になっているのかもしれません。日本でも価値観などは多様化していて、それをお互いに認めようという流れがあるわけですから、やはり聞かないと相手についての理解を深めるのは難しいでしょう。

では、どのように切り出すのがいいでしょうか？

たとえば、「お互いに仕事を離れたプライベートの時間って重要ですよね。プライベートがどういう状態だと、◯◯さんは充実感を得られますか？」と聞くと、趣味やスポーツ、家族などいろいろな話が聞けるでしょう。

この質問で工夫しているポイントは、**質問者が相手のプライベートの内容そのものに注目しているのではなく、仕事を超えた人生の価値観や充実感に視点を広げている点です。**

そして仕事と人生のバランスについて、どう考えているのかを知ることができます。その答えを聞いたうえでその人が充実感を持ちながら仕事をするために、自分が仕事面でできる支援を考えてみるのもいいでしょう。

たとえば、「カラオケ」「映画鑑賞」「ゴルフ」といった趣味やスポーツなどが出てくるかもしれません。それぞれに掘り下げていけば共通点を発見できて、話しやすい関係性がつくれるかもしれません。

プライベートのことを聞いてみる

3つめのパターンは、完全にプライベートについて聞いてみるものです。

「やっぱり仕事が重要だけど、プライベートも楽しくなかったら仕事のパフォーマンスにも影響してきますよね。○○さんは、仕事以外の時間は楽しめていますか？」と聞くのもいいでしょう。ここでも、質問者が相手のプライベートに先入観を持つことがないように工夫しています。

ポジティブな答えが返ってきたら、プライベートも仕事も楽しめるようにやっていこうと話せます。

一方で、持病や家庭の状況（看病、育児、介護など）といった問題と仕事の両立に悩んでいると返ってくることも考えられます。

部下からすれば会社の上司にしてほしいことなどないかもしれません。「状況を教えてくれてありがとう。いまの時点で私にできるサポートはありますか？　力になれることがあれば遠慮なく言ってくださいね」と状況を理解したこととサポートする気持ちがあることを伝えておくだけでもいいでしょう。仕事とプライベートは別物と思っていても、プライベートの状況を理解してくれている上司がいると安心材料にもなるのではないでしょうか。


プライベートのことを聞くかどうかは、自分と相手との関係性によるところもおおいにあります。もちろん、相手が嫌そうにしていたり答えにくそうにしていたりするのであれば、聞くのは避けるべきです。表情がくもっていないか、答えに詰まっていないかなど、反応をよく見ながら話しましょう。

ただ、「プライベートのことは聞かない」などと明確に線引きすると、その人のことを十分に理解する機会を逃してしまうのではないかと私は考えています。そして**相手がプライベートのことを伝えてくれたら、上司である自分からもできる限り積極的にプライベートのことを伝えて共感をつくるようにしましょう。**

「新規アポをとれない」新入社員の部下にコーチングしてみる

新入社員の部下がうまく立ち上がらないときもコーチングは効果的です。ここでは営業で新規アポがとれない新入社員の部下にどのようにコーチングをしていけばいいかを見ていきましょう。ここでは新入社員といっても中途社員を想定します。

新入社員の部下に対するコーチングは、アプローチ方法の見直しや、スキルの向上、さらには精神的なサポートまでを含めて行うことが重要です。新規アポ取得は正しいプロセスを踏むことで改善できます。

「ギャップ分析のトライアングル」を意識しながら、つぎのステップでコーチングを進めていきます。

「会社で実現したいこと」を聞く（目指す姿）

上司「新しい環境での営業活動、いかがですか？　アポ取得に苦戦していると聞きましたが、この会社でどんなことを実現したいと思っていますか？」
部下「そうですね。前職よりも最先端のテクノロジーを扱えるので、それを活用してお客様に技術革新をもたらしたいです。また、お客様が目指すゴールにより深く貢献したいと思っています」
上司「すばらしいですね。そのためには、どのようなステップが必要だと考えていますか？」
部下「まずは多くのお客様に会って、提案をしていく機会が必要だと思います。早く成果を出したいので、積極的にアポをとっていきたいです」
上司「意欲的でいいですね。そのために必要な準備や計画はどう考えていますか？」

部下の転職理由や目指す姿を深く掘り下げ、彼のモチベーションを高めています。同時に、目標達成に向けて計画的なステップが必要であることを認識させ、計画性の重要性を意識させることを狙っています。部下の意欲を尊重しつつも、準備不足が成果に影響している可能性を示唆しています。

「いまやっていること」を振り返る（現在の姿）

上司「現在、新規アポをとるためにどのような方法を試していますか？」
部下「とにかく数をこなそうと思って、電話やメールでアポをとろうとしています。1日に電話は5件、メールは10通くらい送っています」
上司「なるほど。大手企業をターゲットにしていて、その数はかなり多いですね。その結果はいかがですか？」
部下「正直なところ、反応はあまりよくないです。アポがとれたのは今週で1件だけです」
上司「そうですか。電話やメールの内容はどのようなものですか？　具体的な提案やお客様のニーズに合わせた内容になっていますか？」
部下「まだ製品や市場の理解が浅いので、一般的な挨拶と会社紹介が中心になっています」
上司「そうすると、お客様にとっては興味を引く情報が少ないかもしれませんね。また、ターゲットリストはどのように作成していますか？」

部下「とにかく大手企業をリストアップして、上から順番にアプローチしています」
上司「企業ごとのニーズや業界特性は調査していますか？」
部下「いえ、そこまで時間がなくて……」
上司「具体的に、1日にどれくらいの時間を製品や市場の勉強にあてていますか？」
部下「ほとんどの時間をアポとりに使っていまして、勉強にはほとんど時間がとれていません」

部下の現在のアプローチ方法とその結果を具体的な数字を交えて確認しています。大手企業をターゲットに1日に5件の電話と10通のメールを送っているものの、今週のアポ取得は1件だけにとどまり、成果が出ていないことが明らかになりました。

また、電話やメールの内容が一般的なものであり、製品や市場、顧客の理解が不足しているため、お客様の興味を引くことができていないことがわかります。

さらに、ターゲットリストの作成においても、企業ごとのニーズや業界特性を考慮せずにアプローチしていることが問題点として浮き彫りになっています。部下が勉強に費やす時間がないことも明らかになり、準備不足が成果に影響していることが確認できます。

「結果につながらない理由」に気づかせる（ギャップの原因）

上司「数をこなしても結果が出ていないとのことですが、その原因は何だと思いますか？」
部下「うーん、お客様に響く提案ができていないのかもしれません。でも、早く結果を出したくて焦ってしまって」
上司「焦る気持ちは理解できます。しかし、製品や市場、顧客の理解が不足していると、お客様にとって魅力的な提案は難しいかもしれませんね。ターゲット企業の課題やニーズを事前に調査していますか？」
部下「正直、あまり時間をかけていません。とにかく動けば何とかなると思っていました」
上司「なるほど。お客様の課題を理解せずにアプローチすると、提案の内容が的外れになる可能性があります。具体的な準備不足が結果に影響しているかもしれませんね。どう思いますか？」
部下「たしかに、相手のニーズを把握せずに連絡しても興味を持ってもらえないですよね」
上司「そのとおりです。お客様の課題を事前に分析・整理することで、より効果的な提案ができますし、アポ取得の確率も高まります」

部下「わかりました。焦るあまり、準備を怠っていました。これが成果が出ない原因かもしれません」

上司「自分で気づけたのはすばらしいことです。では、そのギャップを埋めるために何ができるか、一緒に考えてみましょう」

目標達成に焦るあまり、計画性や準備が欠如していることに、成果が出ない根本原因があることを部下に認識させています。製品や市場、顧客の理解不足だけでなく、顧客の課題を事前に分析・整理せずにアプローチしていることが問題であると指摘しています。部下自身が問題の原因を理解し、改善の必要性を感じ始めています。これにより、自己認識を促し、改善への意欲を引き出しています。

「改善策」を洗い出す（アクション）

上司「では、そのギャップを埋めるために、どのような改善策が考えられますか？」

部下「まずは製品知識や市場、顧客についてしっかり理解する必要がありますね。それから、ターゲット企業の課題やニーズを事前に調査し、それに合わせた提案を準備するべきだと思います」

上司「いい考えですね。具体的にはどのように進めていきましょうか？」

部下「今週は製品と市場の勉強に時間を割き、ターゲット企業の課題を分析します。そして、優先度の高い10社を選び、各社のニーズに合わせた提案資料を作成します」

上司「すばらしい計画です。提案資料の作成や顧客の課題分析について、何かサポートが必要ですか？」

部下「はい、効果的な提案資料のつくり方や、顧客の課題を見つける方法についてアドバイスをいただけると助かります」

部下が自ら具体的な改善策を考え出しています。製品知識や市場理解の習得、そして顧客の課題を事前に分析・整理することの重要性を確認しています。これにより、計画的なアプローチが可能となり、提案の質も向上します。上司は部下の計画を肯定し、必要なサポートを提供する姿勢を示しています。

「計画」をレビューする

上司「それでは、具体的な計画を一緒に見直してみましょう」
部下「はい、お願いします」
上司「まず、製品知識と市場理解のために、1日にどれくらいの時間を割く予定ですか？」
部下「1日1時間を勉強に充てようと思います。先月実施した新入社員研修の資料も改めて読み返します」
上司「いいですね。ではターゲット企業の課題分析にどれくらい時間をかけますか？」
部下「1日2時間を企業ごとの調査に使います」
上司「具体的な数値目標はどう設定していますか？」
部下「今週は優先度の高い10社を選定し、その企業の課題とニーズを分析します。来週はその10社にカスタマイズした提案を行い、返信率の向上とアポ取得を目指します」
上司「明確でよい目標ですね。提案資料の作成やアプローチ方法について、一緒にレビューしましょう」

部下の計画を詳細に確認し、現実的で効果的なものにブラッシュアップしています。具体的な数値目標を設定し、達成度を測定しやすくしています。また、製品・市場の勉強、顧客の課題分析、提案資料の作成といったステップを明確にし、計画的に進めることを確認しています。

メンタルサポートをする

上司「新しい計画を立ててみて、いまの気持ちはどうですか？」
部下「正直、まだ少し不安があります。思うように成果が出せていないので、自信を失いかけています」
上司「そう感じるのは自然なことですよ。でも、焦らなくても大丈夫です。実は、最近のデータを見ていると、少しずつ状況がよくなっているのがわかりますよ」
部下「そうなんですか？　あまり実感がなくて……」
上司「たとえば、今週はアポ取得は1件でしたが、カスタマイズしたアプローチを行ったことで、お客様からの返信や反応が増えていますよね？」
部下「言われてみれば、たしかに返信や問い合わせが増えました。ただ、アポにつながっていないので不安で……」

上司「返信や反応が増えたというのは大きな進歩です。お客様があなたの提案に興味を持ち始めている証拠ですよ。これはつぎにつながる大切なステップです」

部下「そうなんですね。まだ成果とは言えないかと思っていました」

上司「いえいえ、小さな変化を積み重ねることが重要です。早期の成功体験（アーリーウィン）を実現するためにも、まずはお客様とのコミュニケーションを増やしていきましょう。返信や反応が増えているのは、その兆候だと思います」

部下「そう考えると、少し気持ちが楽になります」

上司「その調子です。結果に焦らず、着実に進めていきましょう。何か困ったことや不安なことがあれば、いつでも相談してください」

部下「ありがとうございます。引き続きがんばります」

部下が自信を失いかけていることを上司に打ち明けています。上司は具体的なデータ（お客様からの返信や反応の増加など）を示し、状況が改善していることを伝えています。アポ取得件数は変わらないものの、カスタマイズしたアプローチによってお客様の関心が高まっていることを強調しています。また、「早期の成功体験（アーリーウィン）」の重要性を伝え、小さな変化を積み重ねることで自信を取り戻せることを伝えています。上司は部下の努力を認め、結果に焦らず着実に進めることの大切さを伝えることで、部下のメンタル面をサポートしています。

「行動目標」を再確認する

上司「では、ここまでの成果をふまえて行動目標を再確認しましょう。今回、お客様からの返信や反応が増えたのは大きな成果です。これをさらに伸ばしていくために、どのように進めていきたいですか?」

部下「はい。引き続き1日1時間を製品と市場の勉強に、2時間をターゲット企業の課題分析に充てたいと思います。つぎは、前回の10社から反応があったお客様に対して、より具体的な提案や情報提供を行い、関係を深めたいです。また、新たに優先度の高い5社を追加し、同様にカスタマイズした提案を行いたいです」

上司「いいですね。具体的な数値目標としては、どのように設定しますか?」

部下「そうですね。今週はお客様からの返信率をさらに高めることを目標にします。前回は10社中5社から返信があったので、今回は新たな5社で返信を3社以上目指し、既存の反応があったお客様とのコミュニケーションを深めて、アポ取得を2件に増やしたいです」

上司「すばらしい目標です。返信や反応の増加は、将来的なアポ取得につながります。進捗は週の中頃と週末に確認しましょう。その際に、提案資料やお客様からのフィードバックも共有してください」

部下「はい、わかりました。引き続きがんばります」

部下の成果をふまえて行動目標を再確認しています。お客様からの返信や反応が増えたことを踏まえ、既存のお客様との関係を深めることと、新たなターゲット企業へのカスタマイズ提案を行う計画を立てています。具体的な数値目標として、返信率の向上やアポ取得件数の増加を設定しています。上司は部下の計画を評価し、進捗確認のタイミングを設定して必要なサポートを提供する姿勢を示しています。

「フォローアップ」と継続改善

上司「先週の目標達成お疲れさまでした。お客様からの返信やアプローチの結果はいかがでしたか？」

部下「はい、新たにアプローチした5社のうち3社から返信がありました。既存のお客様ともコミュニケーションを深め、アポ取得は2件に増えました」

上司「すばらしいですね！　お客様との関係が深まってきていますね。提案内容に対するフィードバックはありましたか？」

部下「はい、具体的な課題解決の提案がよかったとお褒めいただきました。お客様のニーズに合った情報提供ができたと思います」

上司「それは大きな成果です。つぎはどのように進めていきましょうか？」

部下「さらに新たに5社にアプローチし、同様のプロセスで進めたいです。返信率を高め、アポ取得を3件に増やすことを目標にします」

上司「よい計画です。引き続きサポートしますので、一緒にがんばりましょう」

部下が設定した数値目標を達成し、お客様との関係性が深まっていることを確認しています。返信率の向上とアポ取得件数の増加は、計画的なアプローチと顧客の課題分析の効果を示しています。上司は部下の成果を称賛し、つぎの目標に向けての計画を支持しています。

ここでは、新規アポがとれない新入社員に対するケースを例に、ギャップ分析を意識しながらコーチングするポイントを紹介しました。

新入社員が転職したばかりで目標達成に焦り、製品や市場、顧客の理解に時間をかけず、一足飛びにアポをとろうとしていることが課題となっていました。顧客の課題を事前に分析・整理せずにアプローチしている準備不足が根本原因となっています。

新入社員の部下の立ち上がりには、現状の把握から具体的なアクションプランの設定まで、段階的にこまめなコーチングとサポートをすることを意識しましょう。相手の経験を尊重しつつ、新しい環境での計画的なアプローチ方法やスキルの向上、さらにはメンタル面のケアや小さな成功体験を積ませることで、部下の自信を高めながら成果を出せるように導くことが効果的です。

コーチングは年上部下にも効果的

関係が悪化すると組織全体が機能しなくなる

前項では若手の新入社員へのコーチング実践例を紹介しました。今度は年上部下（年上の部下）の例を紹介します。

「年上部下をマネジメントするときには、どのようなことを心がければいいですか？」という相談を受けることが近年増えています。本書を読んでいるあなたも、自分よりも経験豊富な年上部下の接し方に悩んでいるかもしれません。

SAPで前述した30歳からのインサイドセールスで管理者としての成果が認められ、35歳でオペレーション部門の本部長に昇進したとき、部下を持つ部長クラスを管理し、年上部下たちとともに働くことになりました。年齢やキャリアの違いから、私はリーダーシップを発揮するうえで非常に気をつかいました。

また、私が就任した当時のオペレーション組織は、社員満足度がきわめて低く、過去3年間で5人の本部長が次々と交代していました。そのため、組織内には強い不信感が蔓延しており、私はまずその信頼を取り戻すことが急務でした。

私が感じていた心理的なプレッシャーは大きく、年上部下たちとの関係が悪化すれば、組織全体が機能しなくなるリスクがありました。信頼関係が崩れてしまえば、部下たちが私から離反し、組織は大きなダメージを受ける可能性があったからです。そのため、年上部下たちといかに信頼関係を構築し、組織の安定を取り戻すかが、私にとって最大の課題でした。

「目指す姿」を起点に対話しない

まず、私は彼らの豊富な経験やプライドを尊重することが不可欠だと考えました。そのため、指示を与えるティーチングアプローチではなく、部下の経験や強みを引き出すコーチングアプローチを採用することにしました。彼らの力を引き出し、共に成長する姿勢を示すことで、信頼を築いていこうとしたのです。

さらに、各部下と個別に対話を重ねることが重要だと考えました。まずはそれぞれとの関係を構築しながら、観察をして、適切なタイミングで１ｏｎ１のミーティングを実施し、徐々に心理的な距離を縮めました。この対話の中では、彼らが過去にうまくいったことや成功体験を尋ね、それを尊重することで、彼らが自信を持ち、自らの強みを再確認できるように工夫しました。

ギャップ分析のトライアングルでいうと、「目指す姿」「現在の姿」「ギャップ」の順番は必要に応じて変えてよいと前述しました。年上部下と話すときには、その順番に注意しました。私が上司だからといって「目指す姿」を起点に話してしまうとえらそうになってしまい、部下をうまく動機づけるのは難しいと考えたからです。

部下が、これまでどのようなことを意識して仕事に取り組んできたか、組織をリードして、何がうまくいったかという成功体験について質問するようにしました。そして、部下の強みを引き出すような質問をしました。そのうえで、「目指す姿」や「アクション」について話を聞くようにしたのです。

もちろん、すべてが順調に進んだわけではありません。非建設的な態度を示す部下もいましたが、彼らに対してもまず「傾聴」に努め、組織全体の最適化を目指しました。これにより、部下たちが各自の役割で最大限の力を発揮できる環境を整えていきました。

このように、私はコーチングをベースに信頼関係を構築して、年上部下や組織全体との関係を再構築し、組織を改善していきました。結果的に、年齢に関係なく自発性を発揮できる組織に成長させられました。従業満足度の向上や年上部下の昇進にもつながるなど、組織を発展させることができました。

年上部下への効果的な質問例

年上部下に対して効果的な質問をするためには、尊重と共感をベースに、部下の経験やスキルをいかしつつ、協力的な関係を築くことが重要です。つぎのような質問をすると、年上部下とのコミュニケーションが円滑になり、双方がよりよい結果を得ることができるでしょう。

・「経験」を尊重する質問（現在の姿）

年上部下の経験や知識を尊重することは、信頼関係を築くうえで重要です。

上司「いまの状況についてですが、これまでの経験の中で似たようなケースに直面したことはありますか？　そのとき、どのように解決したか教えていただけますか？」

部下「そうですね、以前のプロジェクトで似た状況に遭遇しました。その時は、チーム内でタスクの優先順位を見直し、進捗を管理しやすい形にしました」

上司「その解決策は今回もいかせそうですね。いまのプロジェクトで改善点があるとしたら、どんなところだと思いますか？」

部下「少しチーム内の情報共有が遅れていると感じます。定期的に進捗報告を取り入れたほうがいいかもしれません」

上司「そうですね、たしかに定期的な進捗報告があれば、スムーズに進められそうです」

・目標や期待に関する質問（目指す姿）

年上部下が抱くキャリア目標や期待を理解することは、彼らを動機付けし、適切なサポートを提供するために重要です。

上司「このプロジェクトでは、あなた自身としてどのような成果を目指していますか？」
部下「私はこのプロジェクトで、チーム全体が予定どおりに目標を達成することにくわえ、個々のメンバーが自分の力を発揮できる環境をつくりたいと思っています」
上司「それはすばらしいですね。メンバー一人ひとりが力を発揮できる環境づくりは重要ですね」

・リーダーシップを促す質問（ギャップの原因）

年上部下に対しては、自分がリーダーとしての役割を果たしながらも、彼らのリーダーシップを促すことが大切です。

上司「現状の課題の原因をどう考え、あなたがリーダーシップをどのように発揮すれば、もっと効果的にプロジェクトが進むと思いますか？」
部下「そうですね、もう少しメンバー一人ひとりの役割を明確にし、彼らが自信を持って動けるように伴走していくことが大切かもしれません」
上司「そのリーダーシップスタイル、すごく有効だと思います。ちなみに、このプロジェクトをさらにスムーズに進めるために、私からチームにどんなサポートが必要だと感じていますか？」
部下「いまのところはとくに問題ないですが、もしスケジュールが厳しくなったときに、各自の役割の明確化について相談させてもらえると助かります」
上司「わかりました。いつでも相談してください」

・意見・協力を求める質問（アクション）

年上部下に対して協力を求めることで、彼らの意見を尊重し、対等なパートナーシップを強調します。

上司「チームにとって効果的な進め方について、何かアイデアはありますか？」
部下「そうですね、個々のタスクの進捗確認をもう少し頻繁に行うほうがいいと思います。進捗状況を把握しやすくすれば、全体の流れが見えやすくなります」
上司「いい考えですね。あなたがリードするプロジェクトで、私がサポートできることがあれば教えてください」
部下「タスクの優先順位が難しいときには相談させてください。それ以外はいまのところ大丈夫です」

上司「いつでも相談してください。ほかに、あなたの経験をいかして、チーム全体の成果を高めるための取り組みがあれば教えていただけますか？」

部下「そうですね、私の過去のプロジェクト経験をいかして、チーム全体にノウハウをシェアするセッションを行ってもいいかもしれません」

上司「そのアイデア、ぜひ進めてみましょう。チームにとって大きなアクションになると思います」

このように、年上部下への質問は、彼らの経験や知識を尊重しながら関係を築くようにするのがポイントです。これにより、彼らは自身の役割に自信を持ち、より積極的に貢献できるようになるでしょう。

質問するときに心がけること

本章では、質問型で部下とコミュニケーションをとる方法を紹介しました。質問は、指示するよりも時間がかかりますし、工夫が求められます。そこで大切になるのが部下と対話するときのマインドセット（心の持ち方）です。**マインドセットは、部下が安心して話せる雰囲気づくりや信頼関係構築のベースになります。**結果として、質問が機能しやすくなるのです。その意味で、マインドセットをただの精神論と軽視してはいけません。

ここでは、私が部下と対話するときに心がけていることを紹介します。

①部下の潜在能力を信じる

まずは、部下の潜在能力（ポテンシャル）を信じることです。

年齢を問わず人の可能性は無限です。いま結果が出ていない人に「できない人」とレッテルを貼るのではなく、「潜在能力のある人」だと信じて話しましょう。

上司が部下に対して「できない人」だと思っていることが態度や行動に出てしまうと、部下自身も自分への評価が思わしくないことを感じとり、コミュニケーションをうまくとれなくなるでしょう。またほかの部下たちもその人に対して「できない人」として接してしまう可能性もあります。そうなると、部下本人が感じる居心地も組織の雰囲気も悪くなってしまうでしょう。

潜在能力のある人だと信じるには、部下自身の強みに目を向けるのがおすすめです。その強みをうまく発揮する方法がないかを、部下との対話を通じて気づかせて、支援していくのが上司の役割の1つだといえます。部下の強みを上司が評価していることが態度や行動から伝わると、ほかの部下たちもその人の強みに目を向けるようになるものです。

部下のポテンシャルを信じて、強みに目を向けることを意識しましょう。

②答えは部下から見つけ出す

そして、課題に対する答えは相手の中に必ずあると信じることです。

いま部下が直面している課題を解決する答え、いいかえればポテンシャルを顕在化させる行動は部下の中に必ずあるのです。たしかに、部下は、100点満点の答えは持っていないかもしれません。でも、「こうしなきゃいけない」「こうしたほうがいい」「こうしたほうがいいかもしれない」という答えは、部下の行動の中にあります。その行動に着眼して質問すれば、答えが出てきやすくなるものですし、出てくるものです。

部下は自分の頭にあるイメージの中で行動します。いいかえると、そのイメージにない発想や行動を起こすことは難しいものです。それは私たち上司も同様です。

その部下とつねに伴走できるなら、「上司の頭の中」にあるイメージをもとに部下を動かしていくことができるでしょう。しかしそのやり方ではその対象となる部下が増えていくにつれて限界が生じ、そして組織はスケールしません。したがって「部下の頭の中」にあるイメージを高め、具体化し、実行へと落とし込んでいくようにコーチングを実施しながら、目指す姿へと部下自らの意思と意識で実行していける環境をつくるのです。

その答えを「引き出し」あるいは「引き上げる」ためには、目指す姿に向かってとるべき行動を「質問」で気づかせることが欠かせません。現実的には、時間も限られているので、ある程度まで考えたら、そこから先は手を差しのべて答えてあげることあるでしょう。コーチングとティーチングを臨機応変に使い分けましょう。

まずは、質問によって考えてもらうことを意識してください。**上司側が用意すべきは「答**

え」ではなく「質問（問い）」です。

③コーチング中は対等の関係であること

それから、相手が自ら答えを見つけるためのパートナーに徹すること。つまりコーチング中は「対等の関係」であることです。

コーチングは指示や命令ではなく、部下が自分で考え、成長するための支援をする場です。この対等な関係によって、部下は安心して意見を共有でき、信頼関係が生まれます。また、部下自身が課題を解決する力を養えるため、自律性が高まり、モチベーションや成長意欲も向上します。コーチングでは、上司が指示するのではなく、部下が自ら気づき、進んでいけるようガイド役に徹することが重要です。

たとえば、「私が若手のころは……」「私の経験上……」など自分が年長者であることや経験豊富なことを成功談として相手に押しつけることは、極力避けるようにしましょう。

指示やアドバイスするよりも質問、こちらが話すよりも聞くことを意識しましょう。もちろん、指示が有効だと判断する場面もあります。**自分が話したほうがいいと判断したときには、「私の経験談を話していい？」「アドバイスしてもいい？」などと確認してからに**

すると、対等な関係を壊さずに話せます。

ここで紹介したマインドセットでいられると、上司は部下に効果的に質問することができ、部下は自分自身で「答え」を導き出す能力が身につきます。部下が自ら主体的に考え、行動し、自主的に仕事に取り組む姿勢が身につきます。上司側も、新しい価値観や新しい答えにたどり着こうとする、前向きな気持ちに変わってくるでしょう。

第3章

「ファシリテーション」で複数の部下に気づかせる

Episode

武器としてのファシリテーション

38歳のとき、転職を考え始めました。そこで私が転職先として選んだのは、日本の大手製造企業であるミスミでした。同じ転職するなら同業種の外資系IT業界ではなく異業種である日本の製造業界に挑戦し、自分の実力がどこまで通じるかを試したいと考えたのです。私にとっては、まるでサッカーから野球の世界に転向するような大胆な決断でした。

製造業界において、経験も知識もない状態で新たにGMとして迎えられた私には、即戦力として結果を出す重圧がのしかかっていました。毎月の経営会議に参加しながら、私はある新規事業プロジェクトを推進していく必要がありました。

新卒でSAPに入社して以来、IT業界でキャリアを歩んできた私には、ミスミで部下や他部門をリードするうえで専門的な知識や経験が圧倒的に足りないことを入社してまもなく痛感しました。たとえば、新聞などのメディアに出てくるレベルの製造業の用語ならまだしも、実務の最先端の用語が飛び交うと、社内オフィスや製造現場で社員が何を話しているのかよくわからない状態だったのです。

私が推進する部門横断型（クロスファンクション）のプロジェクトチームの会議では、最初の数週間は議論がうまくかみ合わず、残業が続く毎日でした。参加メンバーはそれぞれ能力にばらつきがあり、会議では発言が偏り、特定のメンバーが主導し、ほかのメンバーは受け身になってしまうという状況に陥りました。さらに、会議で約束した期日にデータや資料を準備できないメンバーも多く、会議の進行に支障をきたしていました。月に一度の経営会議で発表する資料を作成する際も、ストーリー性が乏しく、事業計画をまとめるのに苦労しました。このままでは事業計画がまとまらないと感じた私は、入社早々にプロジェクトの進め方の再考を余儀なくされました。

「プロジェクトを立ち上げるという重責を果たすためにはどうすればいいか」を考え、私はファシリテーションを通じて、部下や他部門の人たちの専門的な知識や経験を最大限にいかすことを目指しました。私には社内の専門的知識を身につけてから動き出す時間の猶予はなかったのです。

まず私が主催する会議でファシリテーターとして、毎回の会議のゴールを明確にしました。たとえば、「この会議では、競合企業に対して、うちが差別化して優位性につながる要素をまずは整理しましょう。そのうえで事業構想に組み込むにはどうすればいいか議論しましょう」といった具合です。そして参加者にさまざまな質問を投げかけていきました。これによって、参加者がそれぞれの知見をもとに議論が活性化しました。これであれば、私がキャッチアップしきれていない用語が出てきても、プロジェクトにおける重要なポイントについては議論できます。新規事業として議論すべきポイントとそのための質問は、専門知識に必ずしも依存しないからです。

そして会議で重要なのは議論が盛り上がることだけではなく、議論が「アクション」として共有され、参加者それぞれが実行して価値を発揮することです。そこで出てきたアクションの案をもとに、優先順位をつけていきます。そしてそのアクションの担当者と期限を決め、プロジェクトに社内のさまざまな人たちを巻き込んでいきました。

こうして、私が推進するプロジェクトチームの定例会議は、単なる報告の場ではなく、活発な議論が行われるように変わりました。

その後、各メンバーを複数のワーキンググループに再編成しました。そして各グループに具体的な役割とデータ準備の指示を出し、会議の各準備段階でその目的と時間軸を明確にしました。また、全員が意見を出しやすいようにグループごとに発表と議論の機会を均等に割り振り、議論を偏らせないよう努めました。そして、議論が迷走しないよう、データや事実にもとづいて進行することにより意識を置き、そのための専任メンバーをアサインしました。つまり、会議の推進体制と議論のステップを「仕組み化」したのです。こうして次第に会議の質が向上し、事業計画もようやく形になっていきました。

その結果、プロジェクトは大きく進展しました。そして経営会議で進捗を報告し、CEOを始めとする上層部からの支援や投資を引き出すことができました。プロジェクトは6か月で立ち上がりました。もちろん私ひとりの力ではなく、当時一緒に仕事をしたメンバーたちが優秀であったことが大きな成功要因です。

ファシリテーションは、業界の壁、部門の壁を超えて活用できるコミュニケーションの「武器」なのだと実感しました。自分の知識や専門性をもとに自分が主体で議論をリードするアプローチではなく、部下やチームの知識や専門性を引き出しながら、参加者が主体で議論をリードするアプローチの効果の大きさを体験できたのです。

この経験を通じて、私はファシリテーションが単なる会議進行のスキルではなく、メンバーの力を最大限に引き出し、チーム全体で成果を上げるための非常に重要な手法であることを改めて学びました。

私がそのあとに代表取締役に就任したライブパーソンもゼットスケーラーも私にとってまったく異なる専門分野でしたが、専門知識や経験に依存しなくても、組織やチームの専門性をいかして成果が出るようになりました。

「ファシリテーション」とは

前章では、「ギャップ分析のトライアングル」を意識しながらひとりの部下に「コーチング」して気づきを促す方法を紹介しました。本章では、会議などで複数の部下たちから気づきを引き出す方法として「ファシリテーション」を紹介します。

「機能しない会議」と「機能する会議」の違い

「機能しない会議」と「機能する会議」の違いはどこにあるのでしょうか？

機能しない会議にはいくつかの特徴があります。

まず、議論のゴール（目的）があいまいで、参加者の目線が合わないことがよく見られます。これにより、議論が広がりすぎてしまい、具体的な成果を得ることが難しくなります。

機能する会議、機能しない会議

機能しない会議		機能する会議
• 議論のゴールがあいまい • 参加者の目線が合わない • いつも特定の人しか発言しない • 議論ばかりで行動に落ちない	▶	• 議論のゴールが明確 • 目線がそろって議論が進む • 参加者が積極的に発言をする • 議論の結果、行動に落ちる

会議を機能させるのが「ファシリテーション」

また、いつも特定の人しか発言しないため、多様な意見が出ず、議論が偏ってしまいます。さらに、議論ばかりが繰り返され、具体的な行動に結びつかないという課題もあります。結果として、会議が時間の無駄に感じられることが多いです。

一方で、機能する会議は、その反対だといえます。

参加者全員が議論のゴールを共有しており、議論のポイントも明確です。そのため、議論はゴール達成に向けて効果的に進みます。また、参加者全員が積極的に発言をし、さまざまな視点から議論が行われます。そして、最終的にはやるべきことがはっきりとし、具体的な行動に結びつくため、会議は成果を生み出します。

このように、会議が機能するかどうかは、ゴールの明確さや議論の進行、参加者の積極性、そして行動へのつながりが重要な要素となります。

ファシリテーションは複数人へのコーチング

会議を機能させるためには、「ファシリテーション」が欠かせません。

ではファシリテーションとはどういうものでしょうか？

ファシリテーション（facilitation）の動詞である「faciltiate」を英和辞典で引くと、「物事を容易にする、促進する」と書かれてあります。

専門書ではつぎのように書かれています。

「複数相手の知識、意見、意欲などを主体的に引き出し、コミュニケーションプロセスをコントロールして、そのチームの成果が最大となるように支援・促進する技術」

私自身はこれをもう少しシンプルに考えて、「**会議で参加者の意見を引き出して、議論を円滑に回す技術**」と解釈しています。

ポイントは、会議の主催者が仕切って一方的に話すのではなく、参加者からの意見を質問して引き出すことです。そして参加者の目線を合わせていき、効果的に議論を進行して、行動に落とし込んでいきます。

ファシリテーションとは

ファシリテーション（専門書などでよく言われる定義）
（複数）相手の知識、意見、意欲などを主体的に引き出し、
コミュニケーションプロセスをコントロールし、
そのチームの成果が最大となるように支援・促進する技術

▼

つまりは、
会議で参加者の意見を引き出して、議論を円滑に回す技術

・ファシリテート（facilitate）――物事を容易にする、促進する

ファシリテーションの対象は、「個人」から「1対N（複数人）」へと広がります。

いいかえれば、**ファシリテーションは、「1対N（複数人）」の場でコーチングする技術**だといえます。したがって本書では、コーチングのエッセンスを会議に持ち込んだものとしてファシリテーションのコツを説明していきます。これが実現できれば、意思決定の納得感につながり、行動力の源泉となるでしょう。それが結果として出たときに、チームとしての一体感が高まります。

なぜファシリテーションが重要か？

なぜファシリテーションが重要なのでしょうか？

大きく3つのポイントがあります。

①意見の醸成

参加者に発言を促して広い意見を収集することで、参加者の主体性が向上します。議論に積極的に参加する参加者が増えてきます。

②効果的な議論

参加者同士の議論をかみ合わせることができます。多くの意見を取り入れ、議論の偏りを防止します。そして、参加者の利害関係の衝突を回避し、一体感を醸成します。

③チーム成果の最大化

多くの参加者を巻き込むことで、会議のゴールに対するチームの成果を最大化できます。同時に会議を通じて自分で考える部下の能力を育成します。

会議が機能するか、機能しないかの決定的な違いは、このファシリテーションが実践されているかされていないかにあります。

なぜファシリテーションが重要か？

意見の醸成

- 参加者から幅広い意見の収集
- 参加者の主体性向上

効果的な議論

- 多くの意見を取り入れ議論の偏りを防止
- 利害関係の衝突を回避し一体感を醸成

チーム成果の最大化

- 会議の生産性と成果の向上
- 自分で考える部下・組織の育成

ファシリテーションが実践されない会議は、参加者からの意見を十分に引き出せずに、受け身的な行動を招いてしまいます。反対にファシリテーションが実践される会議は、参加者から意見を存分に引き出し、参加者同士の気づきを促し、自発的な行動へと導くことができます。

ファシリテーションを実践するためには先述した「ギャップ分析のトライアングル」が効果的です。本章では、ファシリテーションをトライアングルの観点から整理します。

気づきを促すファシリテーション

気づきを促すファシリテーションがどのようなものかをより明確にイメージしてもらうために、まずは具体的なシーンを紹介しましょう。

たとえば、「ウェビナー（Webセミナー）の企画」について会議することになったとしましょう。参加者は、ウェビナーの企画運営に携わった営業、マーケティング、コンテンツ制作の人たちです。

ステップ①明確なゴールを設定する（目指す姿）

まず、**機能しない会議を避けるためには、明確なゴールを設定する**ことが求められます。

では、どのようにゴール設定するのがいいでしょうか？

たとえば会議の冒頭で、リーダーから「ウェビナーに毎回50名規模で集客できるよう、その集客効果を高めるための施策をディスカッションしたい」とゴール設定します。こうすれば、参加者も、「今日はウェビナーの『集客』についてみんなで知恵を出し合うんだな」とわかります。

ステップ②過去の成功体験について質問する（現在の姿）

そこで参加者たちに向けて質問をします。ギャップ分析でいえば「現在の姿」を振り返っています。

「これまでに開催したウェビナーを振り返っていただいて、最も集客の数が多かったウェビナーを思い出してみてください。１つでもいいですよ」

「そのウェビナーは、どういう要素がそろっていたから、集客効果が高かったのでしょうか？」

参加者たちが過去の成功体験について振り返るきっかけをつくる質問です。

この質問なら、特定の経験のある誰かではなく、会議に参加している営業、マーケティング、コンテンツ制作という所属先にかかわらず、発言を引き出すことができるでしょう。

たとえば、この質問に、営業部門から「マーケティング部門がイベントの詳細を1か月前ぐらいから共有してくれたので案内しやすかった」という意見が出てきました。

マーケティングの人からは、「営業部門のリーダー◯◯さんが、チーム全員で集客するように指揮してくれた。しかも最初の動き出しで集中してくれてやってくれたので、集客が最初から好調だった」という意見がありました。

さらにコンテンツ企画の人からは、「業界の有名人を特別ゲストに迎えて、旬なテーマを設定できたのが集客につながったと思っています」という意見がありました。

こうして**参加者からの意見を引き出したまさにその瞬間に、参加者たちに気づきが生まれる**のです。

マーケティングの人は「1か月前には集客のアクションに着手する」、営業の人からは「最初の1週間の動き出しで一気に集客する必要がある」、コンテンツ企画の人は「話題になるような企画、旬なテーマ設定が必要」などといった具合に、それぞれの参加者自身がやるべきことに気づきます。

ステップ③目標に向けての課題を話し合う（ギャップの原因）

さらに参加者たちに質問を投げかけてみます。ギャップ分析における、**「ギャップの原因」を参加者たちに考えてもらいます。**

「目標の50名集客に向けて、私たちがチームとして解決すべき課題の原因は何ですか？」

そうすると、営業の人は「あのイベントの集客がいまいちうまくいかなかったのは、マーケティング部からの招待に頼っていて、自分たちの動き出しが甘かったからだな」などと考えるかもしれません。

こうすると、営業部とマーケティング部が対立などすることなく、自分たちがとるべきアクションが明確になります。つまり、ゴールに目を向けてもらいながら振り返りの質問を投げかけた時点で、もうすでにアクションにつながる気づきが生まれています。いいかえると**「目指す姿」「現在の姿」「ギャップの原因」のトライアングルで質問を投げかけて、参加者たちの「アクション」を導いています。**

ステップ④アイデアを出し合う（アクション）

ここで**さらにアクションにつなげるための質問**をします。

「今回のウェビナーで、どういう手段で集客をすればいいでしょうか？　みなさんアイデアを出してください」

ここまでの話し合いの流れの中で、発言しやすい雰囲気が生まれているケースが多いといえます。すると、もう少し違ったクリエイティブなアプローチを考える参加者が出てくることもあります。たとえば、「いまみなさんの話を聞きながら、何か新しいアプローチができないかなと思ってたんですよね」といった声です。

こうすると、さらに質問をします。

「新しいアプローチもぜひ考えたいですね。どんなものが考えられますかね？」

「前から思っていたんですけど、うちってあんまりSNSを活用していないですよね」

「たしかに個別案内だったりメールだったり、昔ながらの方法でやっていますね。お客さんも商談に入る前に、SNSで盛り上がっている話題を持ち出す人もいて、SNS見てる人はけっこういそうですよね」

こうすれば、マーケティング部、営業部、コンテンツ部など、これまでにやったことのなかった意見が出てくるかもしれません。

ここでのポイントをあらためて整理するとつぎのとおりです。

最初の質問（目指す姿）で、「集客効果を高める」と会議の目的を明確に設定しているので、話題が広がってもその目的から外れることはありません。

2つめの質問（現在の姿）で、これまでの成功体験に目を向けてもらうことで、「こうすればいいのか」というさまざまな気づきが生まれ、動機づけにもなります。ほかにも、目標を達成するうえでの課題を参加者で洗い出す質問も効果的です。極力、事実やデータで議題を裏づけていきましょう。

3つめの質問（ギャップの原因とアクション）で、課題の原因を分析して新しいアイデアを話し合い、さらに実行できるプランにまとめられれば、会議終了後のアクションにつなげられます。もちろん、参加者たちが自発的に動き出すことができます。こうして建設的な話し合いになり、参加者にとっても有意義な時間になるのです。

「ファシリテーションのトライアングル」実践ステップ

ここでファシリテーションを進めるステップをトライアングルをベースに説明します。「①目指す姿」「②現在の姿」「③ギャップの原因」の3つに分けて整理して「④アクション」を明確にしていきましょう。

ステップ①「目指す姿」を明確にする

まず、目指す姿や理想的な状態をはっきりさせましょう。**会議の「目的」をしっかり共有して、議論の方向性がズレるのを防ぐ**ことからスタートします。これは会議で気づきを促すための最初の起点となり、参加者に対して「なぜこの会議が必要か？」を明確にすることにもなります。たとえば、リーダーはつぎのような問いを自問自答したり、参加者に問いかけることが重要です。

質問例

・この会議は何を目的とした会議ですか？
・あなたはこの会議を通じて何を達成したいですか？
・あなたはこの会議でどのような議論を期待していますか？

こうして目的を明確にすると、会議の意義が明確になり、参加者も納得しやすくなります。逆に、この議論を明確にしないと、参加者は「何のための会議だろう」と疑問に思ってしまいます。定例会議の場合でも、目的がぼんやりと進んでしまうことがありますので、定期的に目的を確認することが重要です。

ステップ②「現在の姿」を把握する

つぎに、現在の姿を正確に把握することが重要です。「目指す姿」を達成するためには、いまの状態がどのような状況にあるのかを確認し、現実と理想のあいだにどれだけの差があるのかを見極める必要があります。ここでのポイントは、**客観的なデータや事実にもとづいて現状を分析する**ことです。たとえば、会議の進行状況やプロジェクトの進捗状況、チームメンバーの意識や意見を確認することが重要です。

質問例

・現在のプロジェクトはどの程度進んでいますか？（何パーセントの進捗ですか？）
・計画に対して、うまくいっていることは何ですか？（その要因は何ですか？）
・計画に対して、うまくいっていないことは何ですか？（その裏づけは何ですか？）

これらの質問をもとに、現状を正確に把握できれば、つぎのステップで明らかにする「ギャップの原因」を明確にするための土台がつくられます。

ステップ③「ギャップの原因」を特定する

「現在の姿」を把握したあとは、「目指す姿」とのあいだに存在する「ギャップの原因」を特定するステップです。

ここでのポイントは、**表面的な要因ではなく、データや事実にもとづいて「根本原因」まで掘り下げる**ことです。これにより、適切な解決策を導き出すための基盤が整います。

質問例

・なぜ目標と実績のギャップが発生したのですか？（その裏づけは何ですか？）
・どのプロセスに問題があったのですか？（どこにボトルネックがありますか？）
・どのような外部要因や内部要因が影響していますか？（何か気になる変化はありますか？）

これらの質問を参加者に投げかけながら、感覚や推測に頼らず、データにもとづいた分析を行うことで、議論が具体的かつ実効性のある方向に進みます。

ステップ④「アクション」を決める

ギャップの原因が明確になったら、その原因を解消するための具体的な「アクション」を決めるステップに移ります。この段階では、議論で明らかになった課題の根本原因を踏まえて、何をどのように解決するかを具体的に決めていきます。ここでのポイントは、**実行可能で具体的なアクションを設定し、誰がいつまでにどのような作業を行うのか、責任の所在や期限を明確にする**ことです。

質問例

・この問題を解決するために何をすべきですか？
・誰がどの役割を担うべきですか？
・いつまでに成果を出す必要がありますか？

これらの質問をもとに、アクションプランを策定すれば、会議の議論が具体的な結果につながり、効果的な改善が期待できるようになります。

このように、ギャップ分析のトライアングルができている会議は、会議の目的を明確にし、具体的なデータや根拠にもとづいて問題を分析し、そのギャップを埋めるための実現可能なアクションを導き出せます。参加者全員が議論に積極的に関わり、具体的な解決策やアクションプランが策定されるため、実際の成果につながりやすくなるのです。

「指示型」ではなく「質問型」でファシリテーションする

会議本番の進行において、指示型ファシリテーションと質問型ファシリテーションでは、アプローチが異なります。

「質問型ファシリテーション」で参加者全員を巻き込む

指示型ファシリテーションでは、リーダーは議論の主導権を握り、具体的な指示や指導を行います。

会議の目的や進行方法を明確にし、つぎに進むべきアクションを指示することが特徴です。リーダーは会議の進行役として内容を整理し、議論の流れをコントロールしながら会議の方向性を決め、必要な場合には具体的なタスクを参加者に指示します。

これは、明確な結論やアクションを迅速に導き出すことを目的としており、とくに時間や効率を重視する場合に有効です。

利点としては、結論を迅速に出せる点やグループが迷走しないように方向づけができる点があげられ、緊急性の高い課題に対応する場面で効果を発揮します。ただし、参加者の自主性や創造性が抑えられる可能性や、参加者全員の発言が十分に引き出せず発言者が偏り、意見が十分に反映されないこともあるのが欠点です。これにより、実際のギャップや問題が特定されず、参加者が議論に消極的になってしまいます。


一方、**質問型ファシリテーションでは、リーダーは議論の主導権を握らず、質問を通じて参加者に考えさせ、意見を出し合いながらディスカッションを進めます。**

リーダーは会議の進行役として主に質問を投げかけ、参加者が問題について深く理解し、自律的に意見を導き出せるよう促します。このアプローチは、参加者全員が積極的に考え、自ら意見を出すことで、参加者の主体性を高め、チーム全体で創造的な解決策を導き出すことを目的としています。

利点としては、参加者の主体性や積極的な参加が促され、創造的なアイデアが生まれやすく、結論に対して全員が納得感を持てることがあげられます。しかし、参加者の意見がばらつくことや結論に到達するのに時間がかかる可能性があるのが欠点です。また、ファシリテーターの質問力が議論の進行において重要な役割を果たし、効果的な質問ができない場合には議論がうまく進まないこともあります。

「5W1H質問」で複数人に気づきを与える

ファシリテーションで複数人に気づきを与えるためには、参加者自身が主体的に考え、発見できるような質問を工夫することが重要です。そのためには第1章で紹介した5W1Hでオープンクエスチョンを活用します。「はい」や「いいえ」で答えられない質問で、参加者に自由な意見や考えを引き出すことが目的です。「5W1H質問」を意識して活用することで議論の幅を広げ、さまざまな視点を引き出せます。ここで効果的な5W1H質問を「ギャップ分析のトライアングル」の切り口で説明し、それぞれの質問例を紹介します。

①「目指す姿」に関する質問

将来の目指す姿（会議のゴール）に焦点を当て、ポジティブな方向に参加者の思考を向けさせる質問です。そもそも何の議論をしているか、に参加者の目線を合わせることで議論に対する本質的な気づきをもたらします。

質問例

・私たちがいま議論しているのは何のためですか？　目指すゴールは何ですか？（What）
・なぜこのゴールを目指すことが重要なのでしょうか？（Why）
・ゴールに近づくためには、私たちにどのような変化が必要ですか？（How）
・このゴール達成において、誰が主要な役割を果たすべきでしょうか？（Who）
・私たちはこのゴールをいつまでに実現すべきでしょうか？（When）

②「現在の姿」に関する質問

いま直面している課題を参加者のあいだで特定し、深堀りするための質問です。参加者と課題をさまざまな角度から議論することで参加者主体での気づきをもたらし、議論を集中させることができます。

質問例

・現在直面している具体的な課題は何でしょうか？（What）
・なぜ私たちはこの課題に直面しているのでしょうか？（Why）
・現状の問題が最も顕著に表れているのはどこですか？（Where）

・この課題に最も影響を受けているのは誰でしょうか？（Who）
・この状況はいつから続いているのでしょうか？（When）

③「ギャップの原因」に関する質問

「目指す姿」と「現在の姿」のあいだにある「ギャップ」を明確にし、その原因を探る質問です。参加者が問題の核心に気づき、どこに改善の余地があるのかを理解しやすくなります。このプロセスは、現状と理想のあいだにある課題の根本原因を具体的に明らかにし、対策を議論するための出発点となります。

質問例

・このギャップの背景にある根本原因は何だと思いますか？（What）
・なぜそのギャップが生じていると考えますか？（Why）
・このギャップはどのようなステップ・流れで生み出されているのでしょうか？（How）
・ギャップの原因に関連する主要な人物や部門は誰でしょうか？（Who）
・このギャップはいつから顕在化してきたのでしょうか？（When）

このような質問を通じて、参加者は自ら問題の根源を掘り下げ、その解決策を見出すきっかけをつかむことができます。

④「アクション」に関する質問

参加者同士の意見をまとめ、共通の理解や方向性を引き出して参加者との合意形成を促します。そして具体的なアクションを引き出せれば、参加者がそれぞれ何をすべきか気づきをもたらせます。具体的なアクションアイテムを特定し、それぞれの責任者と期限を設定することも欠かせません。会議後のフォローアップでは、議事録の共有と参加者のタスク進捗の確認が必要となり、これによって次回の会議のための議題も整理されます。

質問例

- 私たちがつぎにとるべき具体的なアクションは何でしょうか？（What）
- なぜこのアクションが重要だと考えますか？（Why）
- その行動は、どのようなステップで進めるのが効果的でしょうか？（How）
- このアクションを誰がどのような連携体制で主導して進めるべきでしょうか？（Who）
- その行動はいつまでに完了させる必要がありますか？（When）

⑤参加者の視点を変える質問

ギャップ分析のステップにくわえて、参加者の「視点を変える質問」も効果的です。参加者それぞれの異なる視点や経験を尊重しつつ共有すると新たな気づきが生まれることがあります。

質問例

・この問題を「顧客」や「競合」の視点から見ると、何が見えてきますか？（What）
・なぜ別の視点で考えることが有益だと思いますか？（Why）
・ほかの業界や会社では、どこがどのようにこの問題にとり組んでいますか？（Where）
・ほかの視点からこの課題にどのようにアプローチできますか？（How）
・もしあなたが相手の立場だったら、どう感じるでしょうか？（Who）

効果的な5W1H質問は、複数の参加者の意見を引き出し、議論を深め、全員が自発的に解決策を考える環境をつくり出します。リーダーはファシリテーターとして適切な質問を使い分けることで、より充実したディスカッションを促進します。こうして、参加者が主体的に問題解決に関与しアクションできるようになります。

ホワイトボードで議論を可視化する

会議中にホワイトボードを活用して、議論を「可視化」することは、参加者全員のアイデアや論点を整理し気づきを促進し、全員の理解を深めて同じ方向に向けて議論を進行するうえで非常に有効です。

ホワイトボードを使うときにも「ギャップ分析」を意識するとまとめやすくなります。

まず、「目指す姿」を確認するプロセスのときには、議論の「**目的**」をホワイトボードの左上に書き出します。これが会議参加者で目指す議論の方向性を定める基本になります。この目的が適切に設定されているかを参加者と議論するのもおすすめです。

次は、「現在の姿」を確認します。参加者たちが「**課題**」と思っていることを聞き出していき、箇条書きしていきます。課題の背景にある原因を特定し、絞り込んでいく必要があるので、「課題」のとなりに「**原因**」を書きます。その発言ごとに矢印や箇条書きで整理し、

ホワイトボードの書き方

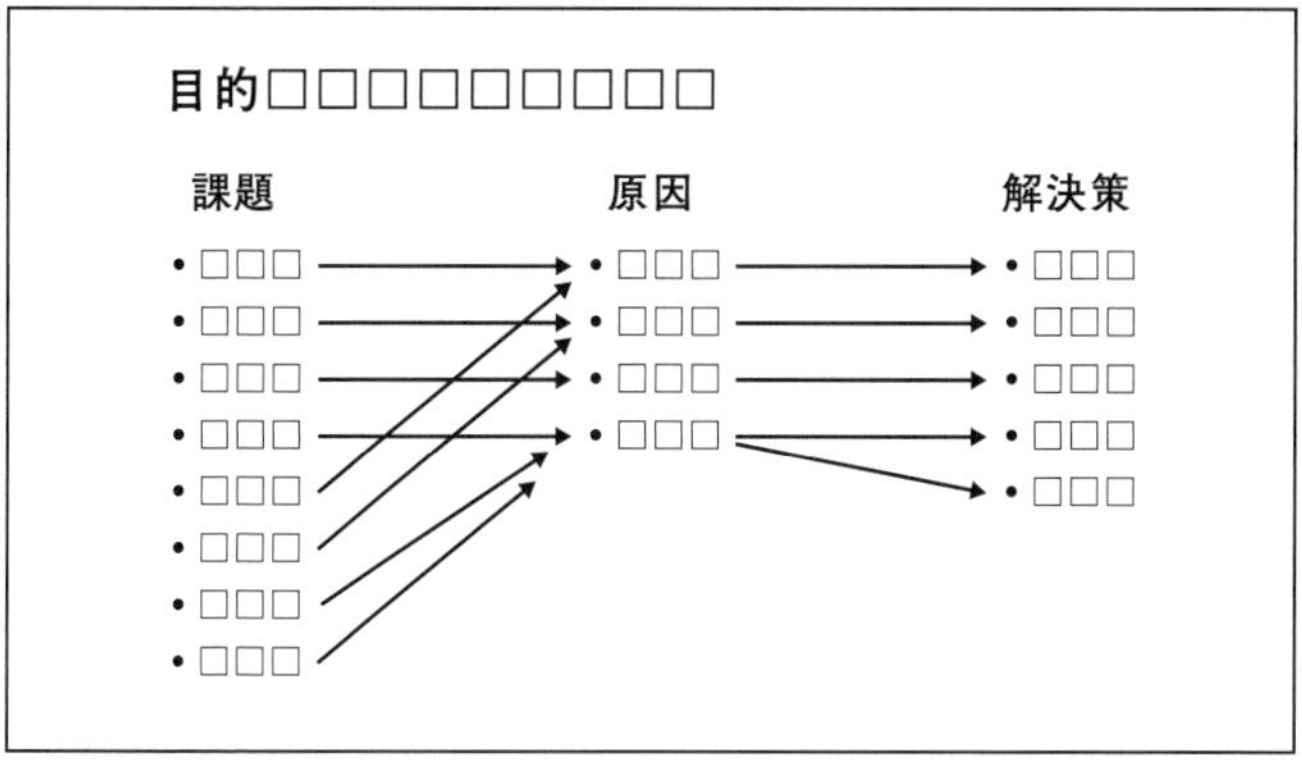

「ギャップ分析」を意識しながら書いていく

流れや関連性を示すことがポイントです。

さらには議論の最後に、合意した結論やつぎにとるべき「**解決策**（アクション）」をホワイトボードに書きとめます。ここで決定事項を枠で囲ったり、色分けしたりすると、重要性が強調されます。

こうしてホワイトボードによって「いまどこの議論をしているのか？」を可視化しながら、論点のズレを確認・修正できます。

ファシリテーションの効果を高める3つのポイント

ここまで、「ファシリテーションのトライアングル」を使って、会議本番におけるファシリテーションの実践ステップを説明しました。このほかにも、ファシリテーションの実践効果を高めるための3つの重要なポイントを「会議前準備」「会議本番」「会議後」の3つの切り口から説明します。

①準備：会議の目的とアジェンダの明確化

まず、会議を成功させるためには事前準備が不可欠です。ファシリテーターが**「会議のゴール」を事前に明確にし、何を達成したいのかを具体的に設定しましょう。**

そのうえで、会議での議論のステップを意識しながら「アジェンダ」を設計します。たとえば、会議の重要なポイントを3つにまとめるために5分、議論に30分、課題の整理とアクションの合意に20分など、具体的に時間配分を考慮します。

余力があれば、**アジェンダを参加者にも事前に共有し、全員が準備を整えた状態で参加できるようにします。**これにより、参加者は会議前に課題やデータを整理し、当日の議論がよりスムーズに進みます。とくに、議論のステップが明示されていれば、参加者は議論の流れを理解しやすく、事前準備が促進され、効果的な会議の進行が期待できます。

②本番：議論のサマリーとアクションへの落とし込み

会議の進行中、ファシリテーターは議論の流れを適切に管理し、会議の要所要所で議論の要点を「サマリー（要約）」します。とくに**会議の最後に議論の内容をサマリーすることは重要で、全員が議論の結果を同じ理解で共有しているか確認します。**

さらに、合意した内容を具体的な「アクション」に落とし込むことが大切です。ここでも**5W1Hを活用し、つぎのステップを明確に定義します。**アクション項目の優先度、期限、責任者などを明確にすることで、具体的なアクションプランが立てられます。また、アクションがあいまいにならないように、会議のアジェンダの中に十分な時間を確保して、議論のサマリーとアクションを整理することが重要です。

③終了後：フォローアップと次回の会議計画

会議終了後は、関係者への「フォローアップ」を通じて進捗を確認し、次回の会議の準備につなげます。

まず、会議での決定事項やアクションアイテムをまとめた「議事録」を速やかに共有し、全員が内容を確認できるようにします。**議事録には、具体的なアクション、担当者、期限を明記し、責任があいまいにならないように注意します。**

さらに、会議で合意したアクションが適切に実行されているか、進捗状況を管理表にまとめ定期的にフォローアップします。この過程で問題が発生した場合は、迅速に対処し、次回の会議に向けて改善策や新たな議題を用意することが大切です。**フォローアップは、会議の成果を実現するための重要なステップであり、継続的な改善につながります。**

会議で参加者が発言しやすくなる雰囲気をつくる

本章では、ファシリテーションで参加者の意見を引き出し、議論を円滑に回す方法を紹介してきました。くわえて、会議で「参加者が発言しやすい雰囲気」をつくることも大切です。単に参加者に意見を求めるだけでなく、**参加者が安心して自分の考えを発言できるような環境を整えることで、議論が活発になり生産性が向上します。**

ここでは、そのために効果的な３つのポイントと具体的な実践例をさらに掘り下げて説明します。会議の雰囲気を感じながら、必要に応じて取り入れてみましょう。

①アイスブレイクでリラックスした空気をつくる

会議の冒頭で、参加者全員がリラックスできるような雰囲気づくりが大切です。会議は通常、形式ばった進行や厳しいトーンで始まることが多いですが、そうした空気を和らげておくと、参加者が自然と発言しやすくなります。

たとえば、**簡単な「アイスブレイク」を行う**と、参加者同士の緊張を解きほぐせます。アイスブレイクとは、会議やグループディスカッションの冒頭で、緊張を和らげるための雑談です。

具体的には、「最近、何か興味深いニュースや出来事がありましたか？」といった問いかけや、「週末にどこか出かけましたか？」といった個人的なエピソードを共有する機会を設けると、参加者同士のコミュニケーションがスムーズになり、和やかな雰囲気をつくり出すことができます。

くわえて、**会議のルールを和やかに伝える**ことも重要です。「今日は自由に意見を出し合って、いいアイデアをたくさん集めることが目的です。どんな小さな意見でも大歓迎です」「今日は結論を急ぐ場ではありませんので、まずはみんなの意見を聞いて、幅広く考えを共有する場にしたいです」といった軽めのトーンで会議のルールを設定すると、発言のハードルが下がり、よりリラックスした環境をつくれます。こうして、リーダーがフレンドリーな口調で始めると、参加者も気持ちが和らぎ、発言しやすくなる傾向があります。

②傾聴とポジティブなフィードバック

参加者が発言しやすい環境をつくるためには、リーダーが積極的に「傾聴」し、発言に対して**ポジティブな「フィードバック（承認）」をする**ことが不可欠です。発言をした参加者の意見が真剣に受け止められていることを示すと、つぎの発言者も安心して自分の考えを発言しやすくなります。具体的には、発言の内容に対して「なるほど、それはおもしろい視点ですね」「その考え方も非常に参考になります」といった肯定的なコメントをつけくわえると、発言者がさらに深い議論に発展させるきっかけをつくれます。

また、**発言のあとに間《ま》を置くのも効果的**です。ほかの参加者がその発言に対して追加のコメントや質問をしやすくなります。たとえば、「いまの意見について、追加で何かありますか？」とひと言つけくわえるだけでも、ほかの参加者が話に乗りやすくなります。発言をした人だけでなく、全体の会話を引き出すためのスムーズな橋渡しも大切です。

さらに、発言が少ない場合や特定の人に偏っている場合には、ファシリテーターが「○○さん、この点についてはどう思われますか？」と優しく意見を求めることも効果的です。

無理に発言を強いるのではなく、リラックスした環境で「意見を出してもいいんだ」という心理的な余裕を持たせることで、参加者全員が発言しやすくなります。

③発言形式を多様化する

参加者が自由に発言できる環境をつくるために、「発言形式」を柔軟に工夫することも有効です。リーダーが**順番に参加者に意見を聞いていく**など、状況に応じて多様な方法を提供するのがいいでしょう。すると、さまざまなタイプの参加者が自分に合った方法で意見を表明できるようになります。

あるいは、「**クローズドクエスチョン**」で、**参加者に発言しやすい状況をつくる**ことができます。対面会議の場合に発言するのが苦手な人でも、「はい」か「いいえ」か、「賛成」か「反対」かの挙手なら意見を表明しやすいでしょう。オンライン会議の場合も、挙手やチャット機能を活用すると、発言のハードルを下げることができます。そのうえで相手の意見を求める方法も効果的です。

また、大人数の会議では、一人ひとりが自由に発言しにくい場合があります。この場合、

小グループに分かれてディスカッションをして、そのあとに全体でその結果を共有する形式が有効です。

たとえば、「いまから3人ずつのグループに分かれて、10分間ディスカッションします。そのあとで、各グループから1名が代表して発表してもらいます」という流れにすることで、より多くの参加者が発言する機会を得られます。これにより、個別に意見を出すのが苦手な人も、グループ内での会話を通じて自然に発言しやすくなります。

さらに、発言を促す際に全員にいっせいに意見を求めるのではなく、特定の参加者に対して「○○さん、もし何かアイデアがあれば教えてください」といった形で個別に発言を求めると、参加者の心理的なプレッシャーを軽減できます。このように、多様なアプローチを組み合わせることで、参加者全員が自分のペースで意見を表明できる環境を整えることができます。

ここで紹介したポイントを意識して会議を進行すれば、参加者は自然と積極的に意見を出しやすくなり、会議全体の活発な議論と生産的な成果を引き出せるでしょう。

発言のコンフリクトを解決する

会議で参加者が発言しやすい雰囲気をつくる一方で、参加者同士で「コンフリクト（意見の対立）」が起きることもあります。コンフリクトそのものは、意思決定の精度を高めるうえで必要なものです。重要なのは、コンフリクトをどう解決するかです。

会議で意見のコンフリクトを解決するためには、つぎの3つのステップに沿って進めると効果的です。実践例も交えながら、コンフリクトを建設的に解決するための方法を紹介します。ここでも、「ギャップ分析のトライアングル」が効果を発揮します。

ステップ①相手の意見を「冷静」に理解し尊重する

意見がコンフリクトする場面では、まず「冷静」に相手の意見を尊重し、相手が何を言おうとしているのか、その**背景にある相手の意図や理由（現在の姿）を理解する**ことが大切です。感情的にならず、相手の話に耳を傾けることで、対話がスムーズに進む土台が築かれます。

たとえば、あるプロジェクトの進行方法について、Aさんが「期限を最優先するべきだ」と主張し、Bさんが「品質を重視したい」と主張し、コンフリクトが生まれた場合、まずはそれぞれの意見を冷静に聞くことが重要です。

ここでファシリテーターが「まずAさんの意図をしっかり聞き、その後Bさんの意図も聞きましょう」と促すことで、双方の立場を理解し合う対話が成立し、コンフリクトが和らぎます。これにより、相手の意見を尊重しながら議論を進められ、つぎのステップに進む準備が整います。

ステップ②論点を明確にして「共通の目的」を確認する

コンフリクトが感情的になっていく前に、論点を具体的に整理し双方が合意できる「共通の目的（目指す姿）」を確認することが重要です。これにより、**個別の意見の共通点と違いが明確になり、議論が建設的なものへと進展**します。

たとえば、新製品のマーケティング戦略を決める会議で、Cチームは「広告費用を削減するべきだ」と提案し、Dチームは「SNS広告に予算を増やして投入するべきだ」とコンフリクトしているとします。

この場合は、「広告費を減らすべきか、増やすべきか」です。ファシリテーターが「私たち全員が目指しているのは、製品の売上を伸ばすことです。これを全員で確認したうえで、どの戦略がその目標に最も貢献するかを考えましょう」と、広告費の増減についての是非そのものではなく、議論の軸を本来の目的に戻します。これにより、コンフリクトがただの意見の違いではなく、**共通の目的に向けた最善策の検討に変わり、議論が前向きに進むことが期待できる**のです。

ステップ③「譲歩点」を見つけて合意に至る方法を具体化する

解決策を見つけるには、双方が「譲歩」する姿勢も必要です。意見の違い（ギャップの原因）を尊重しつつ、共通の目的に向かってどのように進むべきか（アクション）を話し合い、合意したあとは、具体的なアクションプランを立てることが重要です。さらに、**フォローアップを通じて実行状況を確認し、合意事項が実現**されているかを確かめます。

たとえば、前述のマーケティング戦略における広告の議論では、最終的にCチームとDチームがそれぞれ譲歩し、「少額の予算でSNS広告を試験的に導入すること」で合意しました。ファシリテーターが「では、SNS広告の導入に関する試験運用のスケジュールを決め、予算の配分も具体化しましょう」と提案し、合意内容を実行に移すための具体的な計画を作成します。その後、定期的に進捗を確認するフォローアップを行い、必要に応じて調整をくわえながら、プロジェクト全体をスムーズに進行していきます。

この3つのポイントに従い、会議でのコンフリクトを建設的に解決すれば、組織全体の生産性を高められるでしょう。

会議で決まったことをフォローアップする

会議で話し合って決まったアクションが、そのまま放置され、実行につながらないことも少なくないでしょう。そこで1on1で個別にフォローアップすることも重要です。

質問して状況を確認する

先述のウェビナーの集客についての会議の例（160ページ参照）の施策として、A、B、C、Dが決まり、Aを部下が担当することになったとしましょう。

その2週間後などタイミングを図って、1on1の場で進捗を振り返る質問を投げかけてみるのです。

「このあいだの会議で決まった施策、Aは進められていますか？」

「はい」「いいえ」で答えられるクローズドクエスチョンなので、答えやすいでしょう。

「はい、順調です」と返ってきたら、「いいですね。これまでの進捗でうまくいっているのはどんなところですか？」と「目指す姿」を意識して具体的に聞けばいいでしょう。うまくいっていることについては、「自信を持ってうまくやってもらえるとうれしいです。もっとよくできることがあったら教えてください」と伝えてみるとよいでしょう。

つぎに「何か困ってることはありますか？」と聞いて、「じつはSNSでの集客がうまくいっていなくて」と返ってきたら、「そうですか。たとえば？」と聞いて、今度は「現在の姿」を意識して具体的に聞いていきます。

「何が原因でうまくできていないと感じますか？」と質問して、相手にその「根本原因」を考えてもらいます。いろいろ話を聞いていると、原因は３つぐらいに集約できそうだと感じたとしましょう。「いまあげてくれたX、Y、Zの３つのうち、どれがいちばん優先するとよさそうと思いますか？」「Xだと思います」「じゃあ、そのXについて話しましょう」と相手の意見をさらに引き出していけばいいでしょう。

指示しないことを基本にしつつ臨機応変に

ここでも指示やアドバイスはできるだけ避けましょう。とくにうまくいかないときには、指示やアドバイスをしたくなるものですが、せっかく自発的に動いているときに水を差すことになりかねません。

もちろん成果を出すうえで、スピード感が明暗を分ける場面もたくさんあります。そのときは、ＳＬ理論（107ページ参照）を思い浮かべてみてください。部下に質問をしても、いまの成長段階では「コーチング型」でアクションは引き出すのは難しいと感じたら、「指示型」で教えたりアドバイスしたりするのもありです。あるいは、「10日まで様子を見て、必要なら指示しよう」と期日を決めておく方法もあります。このあたりはケースバイケースで柔軟に判断していきましょう。

ここで見てきたように、**会議で決まったアクションをそのまま放置するのと、ていねいにフォローアップするのとでは、組織の実行力やスピード感、ひいてはパフォーマンスに大きな差が生まれます**。

上司たちはほかの仕事に追われて部下へのフォローアップを後回しにしているケースも少なくありません。しかしながらフォローアップは部下の自発的な行動を促すために重要です。部下からすると、自分の行動を支援してくれる上司がいることはたいへん心強いですし、信頼関係が強くなるでしょう。

社外の人との打ち合わせでも ファシリテーションする

魅力的な営業担当者は「質問」がうまい

ファシリテーションというと、社内会議を円滑に進めるスキルと捉えがちですが、じつは、社外の顧客とのミーティングや商談での提案時にも非常に有用なスキルです。

私は重要な顧客に対してプレゼンをする機会が多い一方で、意思決定者として外部の営業やコンサルタントからプレゼンを受けることも頻繁にありました。魅力的な提案をしてくれる営業担当者やコンサルタントかどうかは、すぐに見極められます。それは、**相手が自社の製品やサービスを「売りたい・伝えたい姿勢」で接してくるか、あるいはこちらの話を「真摯に聞く姿勢」を持っているかどうかで一目瞭然だからです。**魅力的な提案をしてくれる相手は「質問」がとても上手です。

一般的なプレゼンテーションは、最初に自社紹介や自社製品・サービスの紹介から始まり、そのあとに提案へと進む流れが多いです。しかし、このプレゼンでは話し手がどれだけ話し方が上手でも、一方的な情報提供にすぎません。顧客の「目指す姿」と「現在の姿」について十分に理解していないと、提案や解決策（アクション）が的外れになってしまうことがあります。これでは、「我が社のことをよく理解してくれている」「この会社に任せたい」という信頼感を得て成約につなげることは難しいでしょう。

それに比べて、**「ファシリテーション型」のプレゼンテーションを行う人は、一方的な情報提供ではなく、双方向の対話型で話を進めます。**そのために事前準備の段階から相手企業の競合状況やＩＲ資料などを徹底的にリサーチします。しかし、これらの情報は社外向けに発信されたものであり、必ずしも相手企業の社内で共有されているとは限りません。そのため、商談相手が企業の「目指す姿」と「現在の姿」をどこまで意識しているかを直接確認する必要があります。とくに経営陣や経営幹部、部長クラスのマネジャーたちは経営戦略を理解しているので、質問をすれば答えてくれることが多いでしょう。

トライアングルを描いてから提案する

商談を進めるうえで重要なのは、相手企業の「目指す姿」と「現在の姿」を理解し、そのギャップを埋める「アクション（手段）」として自社の商品やサービスを提案する視点です。つまり、「ギャップ分析のトライアングル」をここでも活用します。

まず、**打ち合わせの「目的」と「アジェンダ」を明確に設定し、対話を通じて進めていきます。**多くの打ち合わせでは、こうした目的やアジェンダの設定や説明（あるいはプレゼン資料での記載）がなく、自社紹介や自社製品・サービスの紹介から始まってしまうことが多いです。

顧客への質問と対話を通じて相手の「目指す姿」と「現在の姿」を把握したうえで自社が提供できる「解決策（アクション）」を提案します。具体的にはつぎの点を重視します。

・顧客が「目指す姿」と「現在の姿」およびその「ギャップの原因」は何かを明確に示す

・自社サービスを通じてどのように相手の課題を解決できるかの「全体像」を示す
・いつまでに、どのように計画を進めるかの「時間軸」を明確に示す
・それを実現するうえでの「投資対効果」を示す
・次回の打ち合わせまでにフォローすべき「ネクストアクション」を示す

具体的なイメージを持っていただくために、私が実際に使用している資料のポイントを本書向けに一般化・簡略化してご紹介します。

①本日の目的とアジェンダ

まず、本日の目的とアジェンダを明記したスライドを用意します。たとえば、「よりよい提案をするために、御社の現状と目標について意見交換をさせていただきたい」といった言葉で、あくまで「対話」を重視する姿勢を示します。**顧客が考える目的や期待感とズレがないかを質問で確認します。**

②貴社のビジネスの理解

顧客は「相手が自社のビジネスをどこまで理解しているのか」に関心があります。その

ため、ＩＲ資料や中期経営計画、新聞記事などから得た情報をもとに、「ビジョン」「重点施策」「現状と課題（仮説）」「自社が提供できる価値」といった項目を体系化した一枚のスライドを作成し、私たちが理解している内容の全体像を共有します。

このスライドはとくに重要で、これをもとに顧客に「質問」を投げかけ、情報を引き出していきます。顧客がこちらの理解を修正・補足してくれることもありますし、具体的な課題を議論することもできます。このプロセスによって、顧客のビジネスに対する解像度を高めることができます。

そのスライドのあとは、その内容に連動した解決策や自社サービスの説明、あるいは投資対効果へと続きます。

③ネクストアクション

最後に、今後のスケジュールや支援体制、マイルストーンなどの具体的な計画を提示します。そして**顧客が考える計画の時間軸や支援体制における期待を「質問」で把握します。**

ここまでのヒアリング内容に合わせて、提案内容を柔軟に議論しながら進めていきます。

このように顧客への質問を重ねることで、顧客と自社の目線が合致し、的外れな提案をして失敗することはありません。何より、「売り手と買い手」という関係性から、「共に価値を創造するパートナー」へと関係が深化し、顧客からの信頼も大きく向上します。

社内での打ち合わせだけでなく、顧客との打ち合わせでも、しっかりと質問をして、目線を合わせてファシリテーションしていくことを心がけましょう。そうすることで、一方的な提案をする他社とは一線を画し、顧客に真の価値を提供する提案ができます。

このように、プレゼンテーションに「ギャップ分析」と「ファシリテーション」を組み込めば、社外の人を相手にしても魅力的な提案ができるようになるのです。

ファシリテーションは会議以外でも効果を発揮する

ファシリテーションは複数の人が集まる場面であれば、会議以外でも活用できます。

たとえば、オフィスで複数の人に声をかけて集まる場面です。「5分だけでいい？」と何人かに声をかけて話す機会はよくあるでしょう。フォーマルな会議ももちろん大事ですが、**インフォーマルな会議も大事です。**部下との対話を円滑にしてスピード感を生み出すドライバーになるからです。部下からしても、フォーマルな会議ほど議題に縛られないので、上司は気楽に部下のアイデアや本音を引き出せます。意図的にこういう場を設定するために、「ちょっといまいい？」と複数人に声をかけたり、ランチに誘うのも効果的です。

ここでもファシリテーションが使えます。「ギャップ分析のトライアングル」を意識して、意見を引き出しつつ話ができれば、短い時間で合意形成ができます。わざわざ会議を招集しなくても意思決定できれば、組織の実行スピードが発揮できるでしょう。

別の例でいえば、**会食でもファシリテーションが使えます**。

チームの関係性をよくするという親睦の目的で、ふだんの職場を離れた集まりを設定することもあるでしょう。たとえば、10人ぐらいの集まりで、最初に乾杯をしたあとに、時間が進むにつれてテーブルごとや隣の人と会話を楽しむ。お酒が回ってきたら上司やベテラン社員が話す昔の武勇伝や仕事論に部下がつきあわされる……という光景を見たことはありませんか？　これはそれぞれの人となりを知る点で大きな意味のあることです。一方でチーム全体の親睦を深めるという目的を達成できているとはいえません。

ここでも意識したいのがファシリテーションです。参加者全員を見渡し、少し遠く離れた席に座っている人やこうした席が得意ではなさそうな人に「○○さんはどう？」などと質問すれば、同じ話題で複数で盛り上がることができます。そうすれば、会話の共通点が見つかったりして、親睦が深まるでしょう。質問する以外にも、食事の皿を回したり、ドリンクを追加するか聞いたりするなどの目配りもしておきたいところです。こうした意識ができるのもファシリテーションならではだといえます。

このように、ファシリテーションは、複数の人が集まる場面であれば、仕事はもちろん、プライベートでも活用できるスキルです。さまざまなから発言を引き出せれば、理解が深まって、関係性も強くなり、複数の人との会話がますます楽しくなるでしょう。

ファシリテーションに必要なIQスキルとEQスキル

ファシリテーターがIQスキル（頭脳の知能指数）とEQスキル（心の知能指数）の両方をバランスよく活用すると、効果的な議論や意思決定を導くことができます。ここでは、それぞれのスキルのポイントを整理して説明します。

議論の進行や内容の理解を促進する「IQスキル」

IQスキルは、知識や論理的思考力にもとづいたスキルであり、議論の進行や内容の理解を促進します。IQスキルを磨くメリットは、つぎのものです。

まず、**話の道筋を明確に伝えられます**。ファシリテーターは、会話や議論が混乱しないように、話の流れをわかりやすく整理し、参加者に明確に伝えるスキルが求められます。目的やゴールをつねに示し、議論が脱線しないように進行することが重要です。

そして、**参加者の意見を束ねて全体を俯瞰し示すことができます**。会話の中で出てくる多様な意見やアイデアを整理し、それらを俯瞰的に捉え、全体の構造や大局を参加者に示すことで、共通の理解を促進します。これにより、参加者は議論の全体像を把握しやすくなり、より深い議論が可能になります。

さらに、**わかりやすくたとえたり具体例を出したりすることができます**。複雑な話や概念は、そのままでは理解しにくいことがあります。ファシリテーターは、適切なたとえや具体例を使って説明することで、参加者が議論の内容をより理解しやすくします。これにより、議論がスムーズに進むだけでなく、実際の行動に結びつきやすくなります。

円滑なコミュニケーションを促す「ＥＱスキル」

ＥＱスキルは、感情や対人関係の理解にもとづいたスキルであり、参加者同士の信頼関係を築き、円滑なコミュニケーションを促します。ＥＱスキルを磨くと、つぎのようなメリットがあります。

まず、**さまざまなタイプの人の意見を受け入れられる**ようになります。ファシリテーターは、異なるバックグラウンドや価値観を持つ参加者の意見を尊重し、それらを受け入れ

ファシリテーションに必要なスキル

IQスキル（頭脳の知能指数）

・話の道筋を明確に伝える
・意見を束ねて全体を俯瞰し示す
・議論をたとえたり具体化する

EQスキル（心の知能指数）

・さまざまな意見を受け入れる
・参加者の意見を効果的に引き出す
・感情をコントロールする

よいファシリテーターは「論理」という鋭さと「感情」という温かさを持ち合わせている

る姿勢が求められます。このスキルは参加者に安心感を与え、自由に意見を述べる雰囲気をつくり出します。

そして、**参加者の意見を効果的に引き出せます**。ファシリテーターの役割は単に情報を共有するだけではなく、参加者自身に深く考えさせ、その考えを引き出すことにあります。質問を投げかけたり、適切なタイミングで促したりすることで、参加者の潜在的な意見やアイデアを引き出し、より多様な視点を議論に反映できます。

さらに、**反論や批判に対して感情をコントロールできます**。ファシリテーターは、議論がヒートアップしたり、批判的な意見が出てきたりする場合でも、感情的にならず冷静に対処することが求められます。感情をコントロールしながら、建設的な議論に導くことができれば、参加者同士の信頼感と安心感を高められます。

このように、ファシリテーションにはＩＱスキルとＥＱスキルの両方がそれぞれが相互に作用すると、議論の質を高め、参加者全員が満足できる結果を得やすくなります。

ＥＱスキルは「発言しやすい雰囲気」につながる

ファシリテーションでは、議論を整理し論理的に進行させるためのＩＱスキルに意識が向きがちです。しかし、ＥＱスキルの観点が非常に重要です。どれほど話の道筋を明確にし、意見をまとめたとしても、参加者の感情や関係性が適切に扱われなければ、議論は表面的なものに留まり、真に建設的な成果を生み出すことが難しくなります。**ＥＱスキルを磨けば、発言しやすい雰囲気をつくりやすくなる**でしょう。

ＥＱスキルは参加者の信頼関係を深め、議論の質を高めるうえでも重要です。**ファシリテーターがＥＱスキルを重視することで、より深く、実りある議論が可能になる**のです。

第4章

「エンパワーメント」で組織全体に気づかせる

直接対話する人数の限界

日本を代表する製造業であるミスミで私が体験したことは、文字どおりの財産でした。ミスミでは、GMに強い権限が委譲されており、事業を預かる人たちは経営者といえる存在でした。ミスミで「権限委譲」が盤石な組織基盤をつくることを体感しました。

一方で、私はつぎに転職する際には、外資系IT企業の日本法人社長になりたいという思いが日に日に強くなっていきました。米国NASDAQ上場企業であるライブパーソンにヘッドハントされ転職しました。そこでも順調に実績を上げることができ、その結果、同じく米国NASDAQ上場企業のゼットスケーラーから、日本とアジア全体を統括する代表取締役のポジションのオファーをいただきました。

2020年12月のゼットスケーラー入社当初、私が参加した組織はわずか30人強で、3人の部長がいました。この規模なら、これまでの経験をいかして全員と直接対話しながらマネジメントすることができ、チーム全体をしっかりとリードできていました。しかし、わずか3年で売上が9倍に、そして組織が２００人規模へと急成長するにつれて、私が直接全員をマネジメントするアプローチには限界が訪れました。組織の拡大とともに、私が直接目配せするだけでは、事業のスピードが鈍化していくのを感じるようになったのです。

組織が急拡大する中で、「権限委譲」が課題となりました。私が意思決定に深く関与しすぎたため、次世代リーダーを育てられず、部下に権限を委譲できていなかったのです。その結果、現場の細かい問題にまで経営者である自分自身が関わる状況が続き、自分の部下となるリーダーの採用と育成も遅れました。さらに、数字達成のプレッシャーもあり、リーダーシップ開発に十分な時間を割けませんでした。

ちょうどその頃、ゼットスケーラーのグローバルなリーダーシップ教育プログラムで権限委譲をはじめとする「エンパワーメント」の重要性を学び、急成長する組織にはメンバーの自主的な判断と行動が必要と理解しました。この学びを日本チームに応用し、すぐに実践に移しました。

この経験から「エンパワーメント」がリーダーシップにおいて重要であると再認識しました。信頼できるチームに権限を持たせ、彼らの強みを引き出す役割を担うべきだと気づいたのです。

そこで、大きな決断を下しました。私が担っていた営業機能を、3名の経営幹部（役員クラス）に委譲することにしたのです。さらに、この経営幹部を中心に10部門（長）規模の部門横断のマネジメントチームを発足させました。同時に、経営全体を正しく舵取りするために、私自身と彼らのスキルギャップを埋めるべく、教育プログラムやコーチングを強化しました。くわえて、私直下のCOO（最高執行責任者）を中心に経営幹部がリーダーシップを発揮できるような各種の会議体やマネジメントツールを開発し、彼らを通じて、全社的に新たなディレクションを現場に浸透させることに専念しました。

もちろん、組織の透明性やコミュニケーションの風通しも改善する必要がありました。そこで、マネジメントチームと全社員が一堂に会する全体会議や情報共有の場を定期化し、重要なプロジェクトにはタスクフォースを結成することで、会社全体が部門横断的に一体感を持つ仕組みを整えました。これにより、組織全体のモチベーションや連携が強化され、マネジメントチームを主体とする効果的な組織運営へとシフトしていきました。

そして、経営幹部たちには単なる権限委譲ではなく、組織のビジョンや戦略に対しても共通の目線を持つことが求められました。そのため経営リーダーだけで推進するタスクフォースも結成し、社員全員が同じ方向を向いて成長できるような体制を整えました。この取り組みにより、経営幹部たちのスキルが向上し、マネジメントチーム全体としての連携も強化されました。

結果として、組織は着実に進化し、私が直接すべてに関与しなくても回る体制が整ってきました。２０２３年12月、私が大きな病気にかかりしばらく会社を離れることになった時も、業務は一切滞ることなく、組織は自律的に運営されていました。この出来事は、組織が本当に成熟したことを実感させてくれる象徴的な出来事でした。

私は、この権限委譲をはじめとする「エンパワーメント」の推進が、組織の成長を持続させるために不可欠なステップであると確信しています。会社が私の限界を超えてこれからも成長し続け、チームが中心となって輝かしい未来を切り開いていきます。そして会社はこれまでで築いてきた組織基盤をもとにさらに大きな成長を目指しています。

数の壁を打破する「エンパワーメント」

対話の質をキープできるのは「5～8人」まで

コーチングやファシリテーションでうまく部下たちに気づきをもたらせるようになると、リーダー自身に昇進や人員拡大の機会が訪れるでしょう。そのときに、「部下全員と対話したいけれども、時間がない。どうすればいいか？」という課題が出てきます。

組織が拡大し階層化し、管理対象人数が増えたリーダーは「数の壁」にぶつかります。

経営理論に「スパン・オブ・コントロール」という考え方があり、マネジャー1人が直接しっかりとコントロールできるのは5（～8）人だと言われています（もちろん仕事内容にもよります）。

「数の壁」の前にいるリーダーからよく受ける相談が、冒頭の課題についてです。

これは、エピソードで触れたように私も悩んだことなのでよくわかります。昇進や人員拡大によって部下の数が増えるにつれて、リーダーとしての自分自身がやるべき仕事がたくさん増え、難易度、周囲の期待値もどんどん上がりました。

とくに人員拡大フェーズにある組織では、それまでの自発性、一体感、熱量、勢いなども同時に広げていくことが求められます。

リーダー自身が部下と密にコミュニケーションをとりながら気づきを促そうとすると、非常に時間がかかります。私自身の経験からしても、高いクオリティで部下と定期的に密な対話をしようとすると、10人が限界です。それ以上は生産性が悪化していきます。

リーダーの仕事は多岐に渡ります。部下とのコミュニケーション1つとっても、1対1、各種レビュー、報告・連絡・相談、定例会議もあれば、顧客同行やトラブル対応のための緊急の会議や打ち合わせもあります。

部下の人数が多かったり、組織が拡大中で急速に人数が増えてきたりすると、対話の濃度を下げずにコミュニケーションをとるのが困難になってくるのです。

「数の壁」を打破するために私が考えたのは、自分が直接コミュニケーションをとれる部下たちを通じてその先の部下（社員）たちを「**間接的に動かしていく仕組み**」をつくることでした。ただし、指示型のチームに戻っては、事業や組織を成長させづらくなってしまいます。これだと「自分がいないと回らない」状態に戻ってしまい、リーダー自身のキャパシティが組織の上限になってしまいます。

そこでリーダーである自分は、その直属の部下たちがその先の部下たちに「気づき」を生み出してもらい動かしていくように支援・教育することを心がけました。

数の壁を打破する手法が「エンパワーメント」です。本章では、エンパワーメントとはどのようなものかを解説していきます。

エンパワーメントとは

エンパワーメントとは「力を与える」こと

「エンパワーメント」とは、ひと言でいえば「力を与える」ことです。

具体的には、**権限や責任を部下やメンバーに委ね、必要な知識やスキルを提供して、彼らが自らの力を最大限に発揮できるようにすること**です。

エンパワーメントと権限委譲（デリゲーション）をほぼ同義で紹介する書籍やメディアもあります。エンパワーメントを進めるうえで、権限委譲は重要なポイントの1つですが、もっと広範囲に部下やメンバーに力を与えることとして私はエンパワーメントを捉えています。

グローバル企業で海外のマネジメント会議に参加すると、頻繁に「エンパワーメント」の言葉を耳にします。

当初はそれを単なるスローガンのように感じていましたが、やがて自分の経験を通じてその言葉の本質に興味を持つようになりました。とくに、海外では急成長するスタートアップ企業が多く、組織が拡大する中でエンパワーメントが重要な課題として捉えられていました。

そこで私は、エンパワーメントについてより深く理解しようと努め、その言葉が持つ意味を掘り下げました。

そして、**リーダーが直接指示を出さずとも、組織が「自主的」に力を発揮できるようにサポートすること**だとシンプルに解釈しています。私は海外のさまざまなリーダーシップ研修でもこの概念を学び、それを日本の職場に取り入れることで、その効果を自ら体験しました。

この経験を通じて、**エンパワーメントは組織の成長と成功に欠かせない重要な要素**であることを実感しました。とくに急成長する企業においては、部下が自律的に行動できる環境を整えることが、組織全体のパフォーマンスを大きく向上させるカギとなるのです。

エンパワーメントとは

エンパワーメント

権限や責任を部下やメンバーに委ね、必要な知識やスキルを提供して、部下たちが自らの力を最大限に発揮できるようにすること

▼

つまりは、力を与えること。
リーダーが直接指示を出さずとも、組織が「自主的」に力を発揮できるようにサポートすること

エンパワーメントを実現する3つのメリット

エンパワーメントが実現している組織とそうでない組織の違いは、つぎの3つのポイントで説明できます。

まず、**意思決定と情報共有**があげられます。

エンパワーメントが機能している組織では、部下が自律的に意思決定できるように権限委譲が促進され、必要な情報も透明性を持って共有されています。各メンバーが自分の判断に責任を持ち、適切な情報にアクセスできる環境が整っているため、迅速かつ効果的な意思決定が可能です。

一方、エンパワーメントが不足している組織では、権限が譲渡されず意思決定の多くがトップダウンで行われます。情報が限られて共有されることが多いため、部下が自主的に動く余地が少なくなり、承認を待つ状況が多発します。

つぎに、**責任感と主体性**です。

エンパワーメントが確立されている組織では責任の範囲が明確なため、部下が自主的に行動し、自分の仕事や役割に対して強い責任感を持っています。自分で仕事をコントロールし、成果を自らの力で出すという意識が強調されます。

一方、エンパワーメントが欠如している組織では、責任の範囲が不明確で指示待ちの文化が根強く、部下が自主的に行動する機会が少ないため、責任感や主体性が十分に発揮されません。

最後に、**信頼と成長環境**も大きな違いを生みます。

エンパワーメントが浸透している組織では、部下が信頼され、自己成長を促す環境が整っています。ミスを許容し、それを学びの機会と捉えることで、新たな挑戦が奨励されます。このような文化は、リスクを恐れずに行動することを可能にし、部下の自信を育む要因となります。

一方、エンパワーメントが不足している組織では、過度な監視や厳しい評価が行われ、ミ

なぜエンパワーメントが重要か？

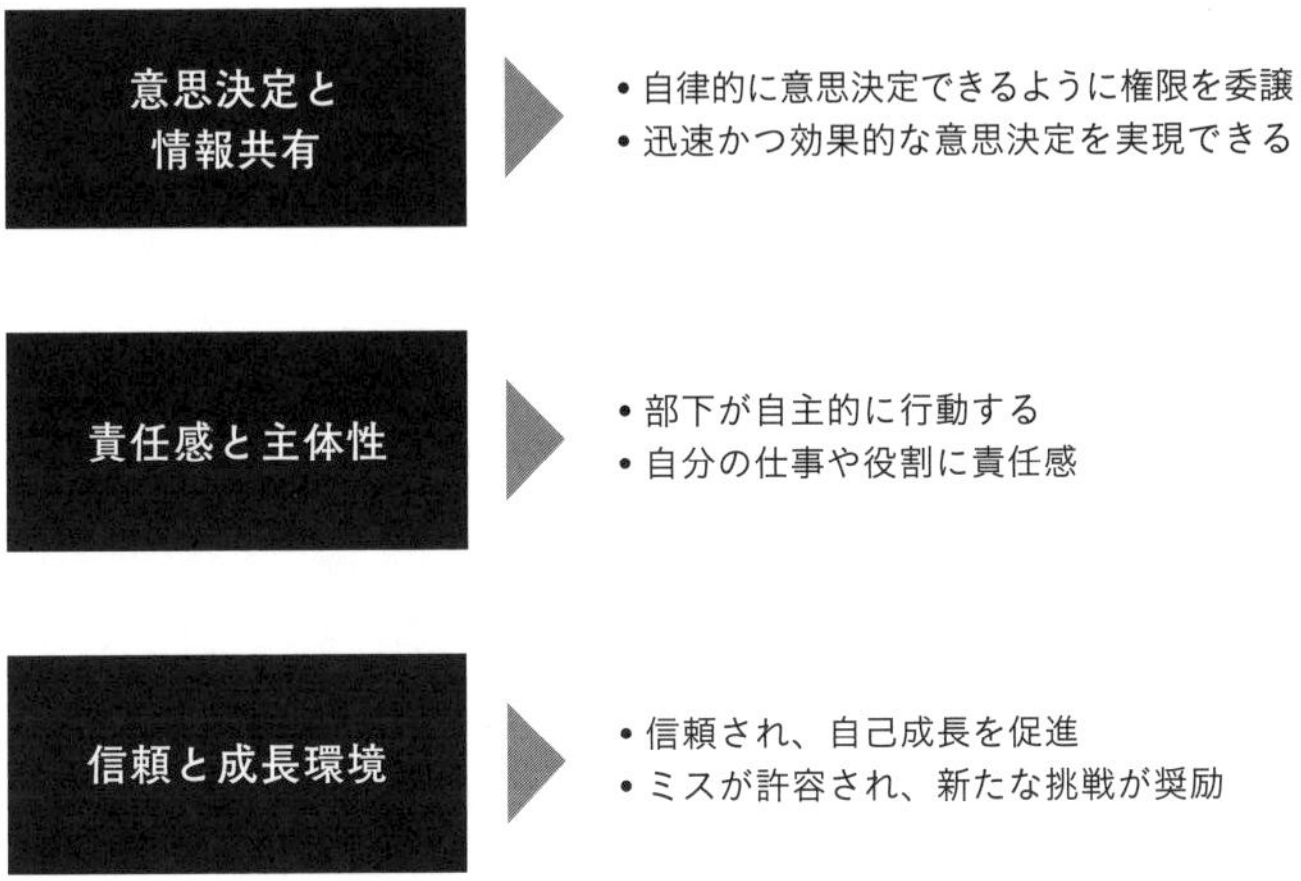
意思決定と情報共有
・自律的に意思決定できるように権限を委譲
・迅速かつ効果的な意思決定を実現できる
責任感と主体性
・部下が自主的に行動する
・自分の仕事や役割に責任感
信頼と成長環境
・信頼され、自己成長を促進
・ミスが許容され、新たな挑戦が奨励

スを恐れる部下がリスクを避ける傾向が強くなります。その結果、成長の機会が制限され、チャレンジ精神が損なわれます。

このように、**エンパワーメントができている組織では、部下が自信を持ち、自分の能力を最大限に発揮できる環境が整っており、結果的に組織全体がより柔軟で創造的なものとなります。**極端な話、上司がいなくても回る組織づくりの土台になっていくのです。

エンパワーメントする部下を見極める「スキル＆ウィル・マトリックス」

ここまでエンパワーメントの考え方を説明しました。そこで組織の中からどの部下にどのようにエンパワーメントをすべきか見極められれば、それぞれに対するアプローチに強弱をつけられます。

前項で説明したエンパワーメントを、私が自分のチームや組織でどのように実践しているかを紹介します。

私が活用しているフレームワークが「**スキル＆ウィル・マトリックス**」です。縦軸にスキルと横軸にウィルの2つの軸をとり、「スキルが高い／低い×ウィルが高い／低い」で4象限に分けます。

まずは、このスキルとウィルがどういうものか、それぞれ説明しましょう。

スキルとは、その組織が成果をあげるために部下に求める知識、技術、経験といった「能

スキル＆ウィル・マトリックス

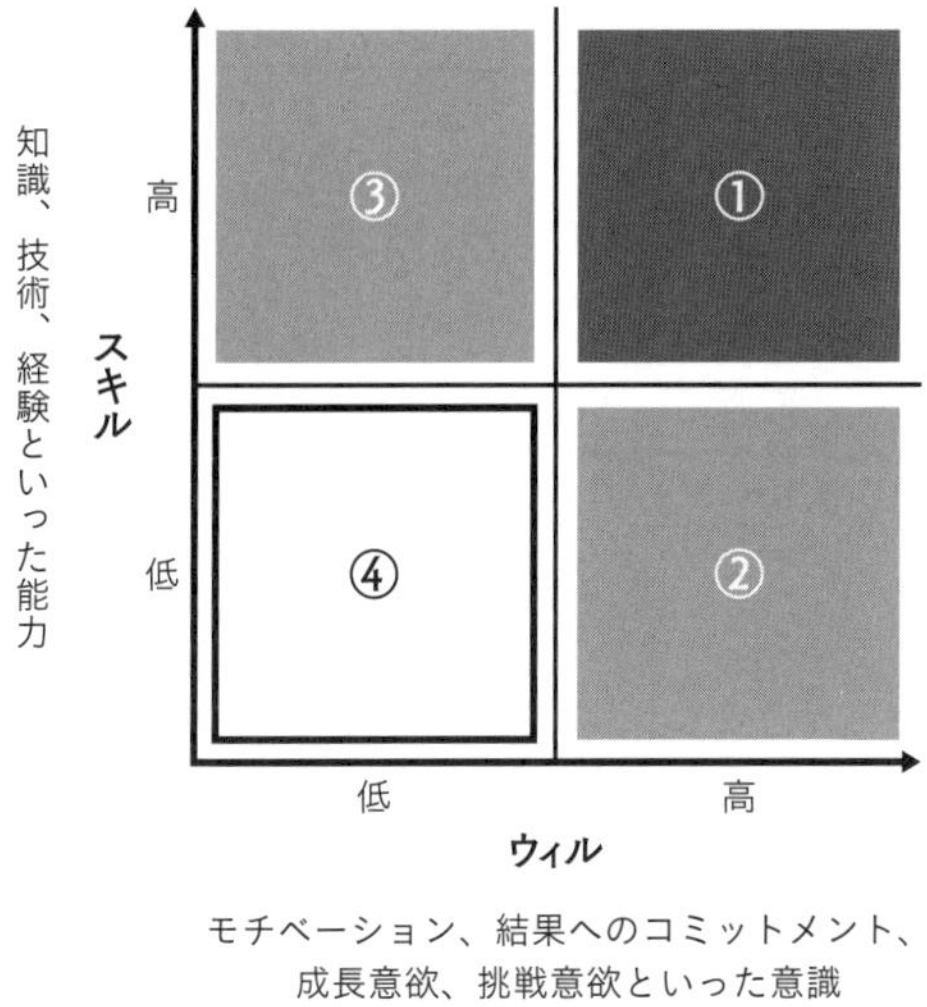

力」のことを指します。

一方のウィルとは、その組織で働く中で部下に期待するモチベーション、結果へのコミットメント、成長意欲や挑戦意欲といった「意識」を指します。

スキルは「成果」に、ウィルは「やる気」に置きかえるケースもあるようですが、それではやや抽象的で、部下の「現在の姿」を把握するには解像度が粗いともいえます。そこで、より実践しやすくするために、判断基準をもう少し具体的に分解・設定して解像度を上げます。

ハイパフォーマーとして「目指すべきスキル」を整理する

そこで、つぎのような質問について考えてみてください。

スキルを分解・設定するための質問

・あなたの部署（組織）のハイパフォーマーに共通するスキルは何ですか？
・あなたの部署（組織）のハイパフォーマーがほかのメンバーと比べて突出しているスキルはありますか？　それは何ですか？
・そのスキルを部下が身につけた場合、あなたのどの程度の業務を任せられそうですか？

ここは実践するうえでとても重要なポイントになるので、一度じっくり時間をとって検討してみてください。

とくに1つめの質問については、多くの人の長所を組み合わせて、理想の人材像であるハイパフォーマー像をつくってみると効果が高まります。

スキルについては、5〜10個を目安にピックアップするのがおすすめです。複数あると、マトリックスにプロットしていくときに、部下の評価を比較しやすいからです。

営業スキルの一例

コミュニケーション能力、傾聴力（ヒアリング力）、問題解決能力、時間管理能力、営業戦略立案能力、交渉力、自己モチベーション管理、顧客管理スキル、データ分析能力、製品知識・業界知識など

ハイパフォーマーとして「あるべきウィル」を整理する

一方のウィルについては、マインドセットや性格などを考えればいいでしょう。

ウィルを分解・設定するための質問

・あなたの部署（組織）で大事にしたい文化は何ですか？
・あなたの部署（組織）のハイパフォーマーに共通するマインドセットは何ですか？
・あなたが自分の部下を信頼するために部下に求めるマインドセットは何ですか？

この質問以外のアプローチとして、会社の人たちとの会話を思い出してみる方法もあります。たとえば、「Aさんがトップなのは、◯◯がすごいからだよな」「この仕事で成果を出す人って□□だよね」「この仕事で大切なのは、△△だよ」といった話題になることもあるのではないでしょうか？　そうした会話で出てくるキーワードは、ウィルにふさわしい可能性が高いといえます。

ウィルの数についても、5～10個を目安にするのがおすすめです。

ウィルの例

顧客志向、結果への執着、ポジティブ思考、継続的な自己改善意欲、謙虚さ、主体性（オーナーシップ）、コミットメントの高さ、チャレンジ精神、持続的な情熱、責任感など

運用しながらアップデートを重ねる

スキルとウィルの設定について、項目を深く考え込む必要はなく、上司であるあなたの独断でも問題ないでしょう。会社全体の人事制度を見直すのではなくチームで運用する仕組みの1つだからです。最初から完璧なものを設定するよりは、まずはざっくりとマトリ

■ マトリックスにプロットする

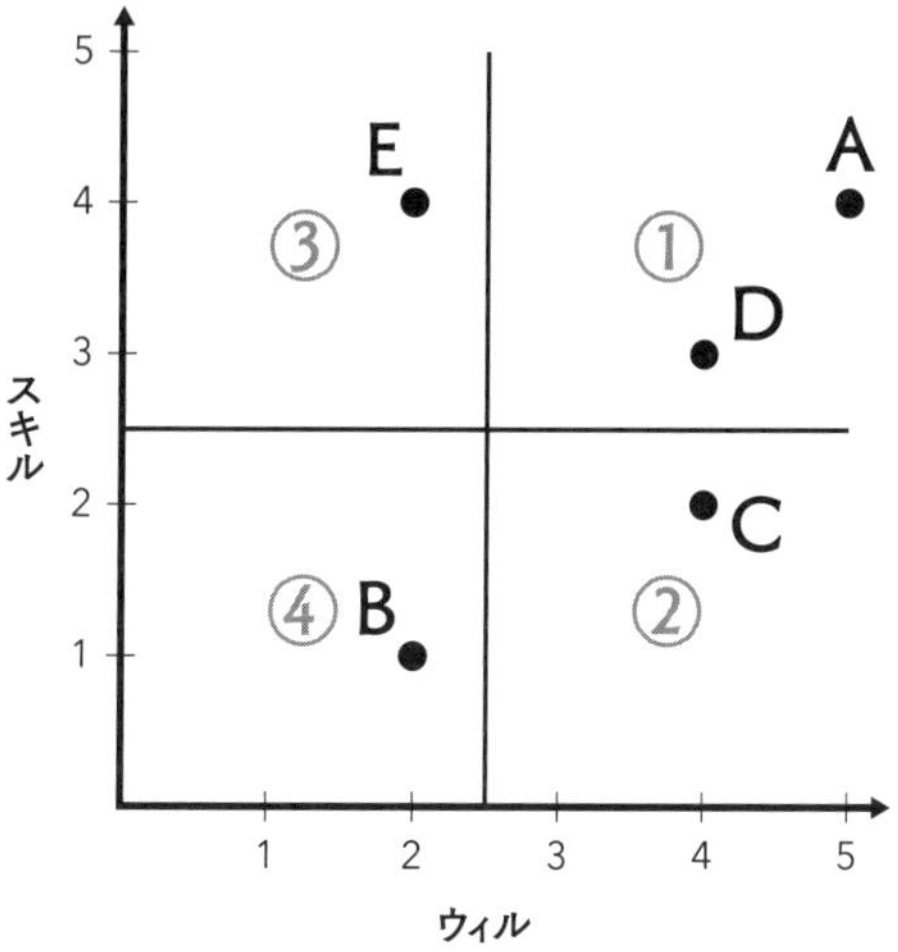

ックスを作成し、実際に運用していく中で、適宜、ブラッシュアップしていけばいいでしょう。私自身も環境の変化に応じて適宜アップデートしながら工夫を重ねています。

ここで**設定したスキルとウィルそれぞれの項目をベースに、５段階で評価**します。これを部下の数だけ評価して、マトリックスにプロットしていきましょう。

なお、スキルやウィルについては、あなた自身の会社やチーム、職種で成果を生み出すために必要なもので、どこの会社のどんな部署のどんな職位の人でも適用できる「正解」はありません。

同じ会社でも、営業部、マーケティング部、製造部、企画部、経理部、総務部など、部門によって違うでしょう。くわえて同じ会社の営業部でも、取り扱う商品群やその顧客が法人か個人かによって、異なるスキルやウィルになるのが自然です。さらに、市場での業界シェアや会社の成長ステージ、新規事業か既存事業か、市場シェアや競合などの外部環境などによっても異なるものであり、私の会社で実践していることが、あなたの会社でそのまま有効というわけではないのです。

部下と組織をマネジメントしていくうえで、最適化したものを設定しましょう。

「スキル＆ウィル・マトリックス」にもとづくエンパワーメントの効果的アプローチ

マトリックス上の位置に応じてエンパワーメントの進め方を検討する

前項で紹介した方法で、スキルとウィルそれぞれの判断基準を設定し5段階評価し、部下の能力をマトリックス上にプロットできたとします。これをベースに、部下をどのようにエンパワーメントするか検討していきます。

４つのタイプ別に、育成アプローチとそのポイントを、それぞれ見ていくことにしましょう。

・①スキル高・ウィル高――権限移譲

ここにプロットした人材が、組織が期待を寄せる「後継者候補」であり「トップタレント」です。つまり**最大限にエンパワーメントする対象**です。リーダーの後継者候補として、リーダー自身の時間を投資して、「権限移譲」を積極的に進めていき、いつでも昇進できるように行動を支援します。

コーチングの機会を積極的につくり、任せる範囲を増やしていきます。新たに任せる領域については、必要な知識をティーチングして、考えてもらうべきところはコーチングしてフィードバックをもとに行動を支援していくのがいいでしょう。それによって、上司の視点で考えられるように「視座」をあげていきます。

・②スキル低・ウィル高――教育支援

この領域の人材には、スキルに伸びしろがあります。

スキルは経験で磨かれるものです。スキルが低いのは、経験量の少なさが原因であることが多いので、適切なタイミングでＯＪＴや研修をすることによって、実践経験を積極的に積めるように支援します。

上司が直接支援するだけでなく、「スキル高の人材（図の①③）」からこの領域の人材へと教育支援の権限委譲をすることも効果的です。この領域の人材に対しては小さな成功体験を増やすように行動支援し、自信を持たせるようにしましょう。動き出しの段階で、「アー

育成アプローチ

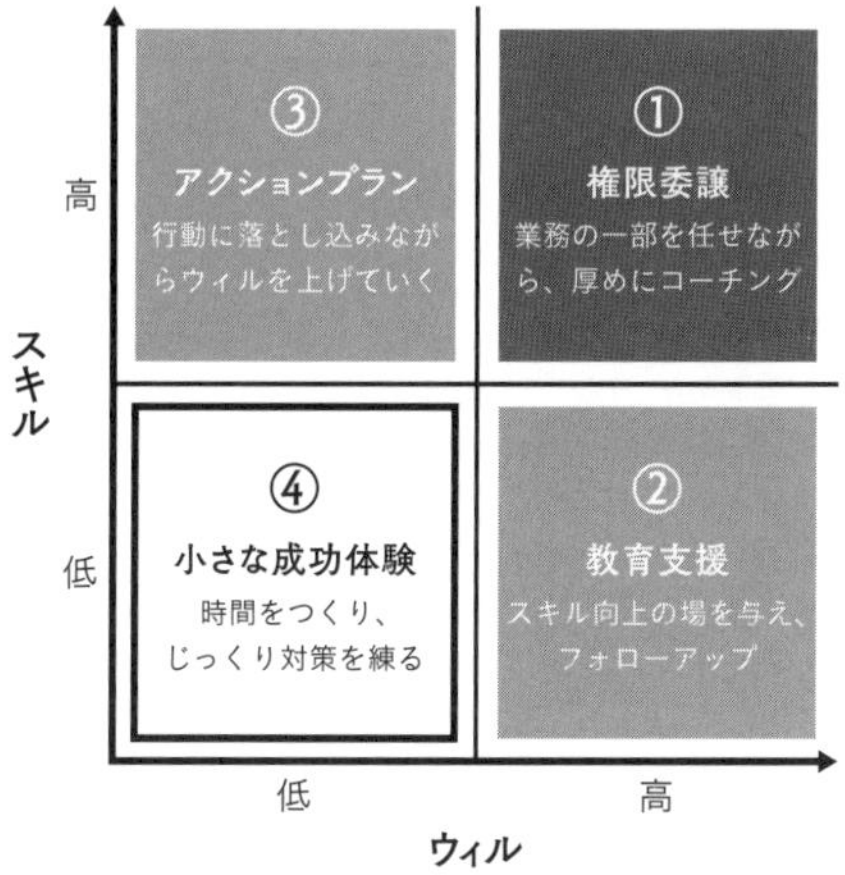

①の人材へのエンパワーメントを進める

リーウィン（早期の成功体験）」を決めて、早期に達成するサポートをするのがおすすめです。

・③スキル高・ウィル低——アクションプランの合意・支援

この領域の人材がいちばんやっかいな存在だとされます。スキルが高く成果も出していて一目置かれており、組織内で発言力があるために、「②スキル低・ウィル高」の人材に悪い影響を与え、組織全体の空気感を悪くしてしまうこともあるからです。

この領域の人材に対しては、彼らの能力を最大限にいかすために彼らのアクションプランの支援に集中します。

こちらの期待値も明確に伝えて、アクションプランを合意・支援しながら徐々に権限委譲する対策が有効です。

ここでは、意識（ウィル）の向上を図るアプローチも求められます。たとえば感謝の気持ちを示し、キャリアゴールや仕事の意義を再確認するなどして、彼らの意欲を引き上げる取り組みが必要です。ポジティブなフィードバックを積極的に伝え、新しい挑戦や責任を持たせることで、彼らのモチベーションを引き出します。

・④スキル低・ウィル低――小さな成功体験（アーリーウィン）など

この領域の人材について、どうすればいいか頭を悩ませている人は多いのではないでしょうか。この領域に対しては時間とエネルギーのかけすぎに気をつける優先づけが重要になります。一方で、対策を後回しにするのもNGです。どうするかを早めに判断して対応することが重要です。スキルとウィルを同時に向上させることは困難なのでどちらかをまずは向上させるように働きかけ、この領域の部下にチャンスを提供するのです。

ここでは、部下のモチベーションを高めつつ、段階的なスキル向上を支援するアプローチが有効です。まずは、明確な目標を設定して「小さな成功体験」を積ませることをサポートして、少しずつスキルと意欲を育てます。定期的なフィードバックとフォローアップを行い、進捗を確認することも重要です。

この領域の人材には、他の領域のメンバーに権限を委譲し、それぞれの強みをいかしてサポートすることも効果的です。

たとえば、「①スキル高・ウィル高」の人材には、「④スキル低・ウィル低」のメンター役を任せます。具体的には、スキル指導やキャリア相談を通じて、④のスキルアップと意欲向上をサポートしてもらいます。①の豊富な知識と高いモチベーションをいかして、④にとってのロールモデルとなってもらいます。

「②スキル低・ウィル高」の人材には、ペアワークを促進します。②のメンバーと④をペアにして共同タスクを任せます。②の学ぶ意欲をいかし、④と一緒に学習やスキル習得に取り組んでもらいます。互いに協力することで、④の意欲を刺激し、スキル向上を目指します。

「③スキル高・ウィル低」の人材には、④のコーチを任せます。③のスキルをいかして他者を支援することで、③のモチベーション回復も同時に図ります。具体的には、③の人材に問題解決の手法や業務効率化のアドバイスを提供してもらい、④の業務遂行能力を高めます。

このように、①②③それぞれのメンバーに適切な役割や権限を委譲すると、④のメンバーを効果的に支援できます。これにより、チーム全体の能力開発とモチベーション向上につながるでしょう。

いろいろ手を尽くしても、行動支援の方法が見つかりづらい場合は、そもそもの採用や配属に問題があるかもしれません。異動なども考えたほうが彼らのためになることもあります。このあたりは会社の組織文化や人事制度によるところも大きいので、それらをふまえて関係者と協議することになるでしょう。

このように、部下のスキルとウィルを可視化して4つの象限にプロットすれば、どのようにエンパワーメントすればいいかの方針が見えてきます。

定期的にメンバーのスキルと意欲の変化を観察し、必要に応じてエンパワーメントの方法を見直します。人は成長し、状況も変化するため、マトリックス上のポジションも動く可能性が高いです。各メンバーの成長に合わせた柔軟なリーダーシップが求められます。

スキル&ウィル・マトリックスを効果的に活用して、各メンバーに適したサポートを提供し、個々の成長を促進しながら組織全体のエンパワーメントを進められます。

「エンパワーメントのトライアングル」実践ステップ

部下の自主性を引き出す

「エンパワーメント」がどのようなものかを明確にイメージしてもらうために、つぎのようなシチュエーションで話を進めていきましょう。

ある上司は、部下が自身の役割に応じた意思決定を自主的に行い、スキルを向上させることを目指していました。「目指す姿」は、「部下が仕事を指示待ちではなく、自分から改善案を提案し、自発的に問題解決に取り組む」ことです。それを実現するうえで、「部下がもっとプロジェクトの細かい部分にも積極的に関与してほしい」と考えていました。

上司「最近の業務はどうですか？　何か改善できることがあれば教えてください」
部下「そうですね、とくに大きな問題はないですが、たまに判断に迷うことがあって……。（上司に）ご相談して確認を求めることが多くなってしまっています」
上司「そうですか。もし、もっとあなた自身で判断できるような権限があったらどう感じますか？」
部下「それができれば、仕事がスムーズに進むと思います。でも、自分で決断するには自信がまだ足りなくて……」

「現在の姿」として、部下は比較的かんたんな業務に関しては自主的に行動できるものの、重要な決断は上司に頼っている状態です。上司が比較的細かく指示を出すため、部下の自主性が制限されていると感じていることが明らかになりました。また、上司自身も、部下の判断力に自信を持たせるためのサポートが足りていないことを認識しました。

上司「あなたが迷う理由は、経験不足や権限の不明確さだと思います。今後、もう少し重要な部分でも自由に判断できるようにしてみませんか？」
部下「たしかに、それがあれば自分で動けると思います。ただ何か間違えたらどうしようという不安があります……」

上司は、部下の自主性が発揮されない「ギャップの原因」は、権限が明確でないことと、部下の自信不足にあると考えました。また、部下が上司に頼りがちな原因の1つは、上司が細かく管理しすぎていたことに気づき、部下が自分で判断する機会を奪っていたのかもしれないと反省しました。

そこで上司は、部下に適切な権限を委譲し、徐々に意思決定の範囲を広げていくアクションを決意しました。それにあたって、意思決定に必要なスキルや知識を強化するためのトレーニングを実施し、定期的にフィードバックをすることにしました。さらに、部下がミスを恐れずに挑戦できるよう、フィードバックの際は失敗を前向きに捉える環境をつくることにしました。

上司「これから、もう少し大きな決断もあなたに任せてみたいと思います。もちろん必要に応じてサポートはいつでもするし、失敗しても大丈夫だと思ってほしいです。どうですか？」

部下「ありがとうございます。それなら、もっとチャレンジしてみたいです。失敗を恐れないでやってみます」

上司「まずは、いま進めているプロジェクトの一部を任せますね。何かあればすぐ相談してくれていいし、進捗もチェックしていくから一緒にやっていきましょう」

こうして部下は、自分の裁量で仕事を進める機会を得るとともに、徐々に自信をつけ、重要な意思決定を行うようになっていきました。

「エンパワーメントのトライアングル」実践ステップ

本書の重要なフレームワークである「ギャップ分析」の視点からエンパワーメントを捉えるとどうなるでしょうか。

エンパワーメントにおけるギャップ分析は、組織が自主性や権限委譲をどの程度実現できているかの視点で、「目指す姿」を定義し、「現在の姿」を評価して比較することで、足りない要素（ギャップ）を特定するステップで進めます。この分析により、部下の成長を促進し、組織全体のパフォーマンス向上につながる具体的な「アクション」を見つけられます。

ここで4つのステップを説明し、あなた自身やあなたの直属の部下に気づきを与える質問例も紹介します。

ステップ①「目指す姿」を明確にする

まず、理想的なエンパワーメントの状態を定義します。この理想の状態では、部下それぞれが自分の役割に応じた適切な権限を持ち、自己成長を追求し、問題解決に積極的かつ自発的に取り組むことが期待されます。また、自由にフィードバックを受けられる環境や、上司からの適切なサポートが整っていることも重要です。

こうしたエンパワーメントの「目指す姿」を明確にするために、あなた自身やあなたの直属の部下につぎの質問をしてその先の部下のことを考えてみるとよいでしょう。

質問例

・理想的な状態では、あなたの部下がどのような行動をとることを期待しますか？
・あなたの部下にどのような権限（あるいは業務）を与えれば効果的ですか？
・部下の成長を促進するために、上司としてどのようなサポートをすべきですか？

ステップ②「現在の姿」を把握する

つぎに、現状を評価します。上司のリーダーシップのスタイルや、部下がどれだけ自主的に行動できているか、スキルやリソースの充足具合などを確認します。

たとえば、上司が細かく指示を出すスタイルだと、部下が自発的に意思決定する機会が減り、指示（追認や確認も含む）待ち状態になります。また、部下に必要なスキルが不足している場合も、問題が生じます。

「現在の姿」を把握するために、あなた自身やあなたの直属の部下につぎの質問をしてその先の部下のことを考えてみるとよいでしょう。

質問例

- あなたの部下は細かい指示を出さなくても自発的に行動できていますか？
- もし部下が自発的に行動できないなら、どのような課題が発生しますか？
- あなたが部下に期待するように、部下が動かなかったことはありますか？
（どのようなことがありましたか？）

ステップ③「ギャップの原因」を特定する

「目指す姿」と「現在の姿」のあいだにある差異、つまり「ギャップの原因」を明確にします。自主性の不足、スキル不足、リーダーシップの過干渉、コミュニケーションの不足などが主な問題としてあげられます。これらの要素をくわしく分析し、適切な改善策を検討することが必要です。

たとえば組織の自主性の欠如があげられます。部下が新しいアイデアを提案しないのは、意見を言う場が組織内にないか、意見が尊重されない組織風土を感じているからかもしれません。あるいは上司が細部まで管理しすぎて、部下が自分で考える機会を奪っているかもしれません。

「ギャップ」を明確にするために、あなた自身やあなたの直属の部下につぎの質問をしてその先の部下のことを考えてみるとよいでしょう。

質問例

・あなたの部下が自主的に行動できないと感じる状況はありますか？　その原因は何だと

思いますか？
・あなたの部下に業務を任せるときに、どのようなスキルが欠けていますか？
・あなたが部下とのコミュニケーションが十分でないと感じる部分はありますか？　それはなぜですか？

ステップ④「アクション」を決める

ギャップを埋めるためには、権限の委譲、ビジョンの共有、トレーニングの充実、フィードバックの強化、心理的安全性の確保がとくに有効です。これらの施策を実行することで、部下が自主的に意思決定を行い、成長できる環境が整います。

たとえば権限委譲を進めるために、各チームメンバーに具体的な意思決定の範囲を設定し、トレーニングを実施する施策が考えられます。また、改善の進捗を定期的にチェックし、必要に応じて施策を調整します。

アクションを明確にするために、あなた自身やあなたの直属の部下につぎの質問をしてその先の部下のことを考えてみるとよいでしょう。

質問例

・あなたの部下に権限を委譲する際に、どのようなサポートを提供する必要がありますか？
・あなたの部下がスキルを高めるために、どのようなトレーニングを実施しますか？
・あなたの部下に対してフィードバックを行う際、どのようなポイントを重視しますか？

これらのステップを踏むことで、直属の部下を通じてその先の部下も間接的に動機づけられます。これによって組織やチームのエンパワーメントを効果的に推進し、より高い成果を達成することができます。

エンパワーメントで「間接的」に組織全体を動かす

組織が拡大してくると、自分が直接コミュニケーションできる範囲が限界を超えます。エンパワーメントにおいて、自分から組織全体に「直接的」に行動を動機づけるよりも、自分の直属の部下からそのチーム内に「間接的」に行動を動機づけるほうが、組織が自分たちで考えて動き続けられる「持続性」の面で効果的だといえます。

なぜなら、その直属の部下がそれぞれのチーム内で信頼や影響力を持っているからです。彼らを通じてその先の部下たちを動機づけできると、各メンバーにとってより身近で信頼性のあるメッセージとなり、自然に組織全体に浸透しやすくなります。

一方、直接的に全体にアプローチすると、メッセージが一方的に受け取られ、効果が限定的になる可能性があります。

エンパワーメントによる「間接的」な動機づけは、部下が自分で考え行動する力を育てるので、指示に頼らずに「持続的な成果」を生み出します。これは、組織が長く自律的に成長するために重要です。このような動機づけがあることで、リーダーがあらゆることに直接関わらなくても、組織が一貫して目標に向かって進む土台が築かれます。

そこで、「間接的」に組織全体を動かすエンパワーメントの3つの施策を紹介します。

施策①ビジョンと目標の明確化と共有

組織全体の方向性や目標を明確にし、直属の部下にしっかりと伝えます。これにより、彼らを通じてさらに下の部下たちにもビジョンが共有されます。

そのうえで、各チームや個人の目標が組織全体の目標と一致するようにし、全員が同じ方向を向いて働けるようにします。

この施策の実践イメージとしては、まず組織のビジョンや目標を言語化し、それらを資料やプレゼンテーションにまとめます。そして、直属の部下との会議を設定し、具体的にビジョンや目標を伝えます。これにより、部下たちは自分の役割や目標を深く理解し、さらにその情報を下位層にも正確に共有できます。

この施策は直属の部下に伝えるだけでなく、トップ自身が組織全体に「直接的」に共有することも大切です。組織全員がビジョンや目標を正確に理解できると、より一体感が生まれ、エンパワーメントがさらに効果を発揮します。

施策②権限委譲と信頼関係の構築

この施策を実践するためには、先述した「スキル&ウィル・マトリックス」にもとづいて、部下に具体的な権限や責任を割り当て、意思決定やチーム運営を任せます。たとえば、プロジェクトのリードを任せたり、重要な意思決定の場を任せたりします。彼らの判断を尊重しつつ、必要に応じてサポートしますが、細部まで干渉しすぎないように注意します。これにより、部下たちの自信とモチベーションが高まり、チーム全体のパフォーマンスが向上します。

施策③効果的なコミュニケーションとフィードバックの促進

定期的なチーム会議や1on1などの情報共有の場を設け、情報がスムーズに流れるようにします。これにより、組織内の連携が強化されます。

そしてフィードバックを奨励してオープンなコミュニケーション文化を育て、現場からの意見や提案を積極的に受け入れます。

会議や1on1では、部下たちからの意見や提案を積極的に受け入れます。これにより、情報共有がスムーズになり、組織内の連携が強化されます。

「間接的」なエンパワーメント

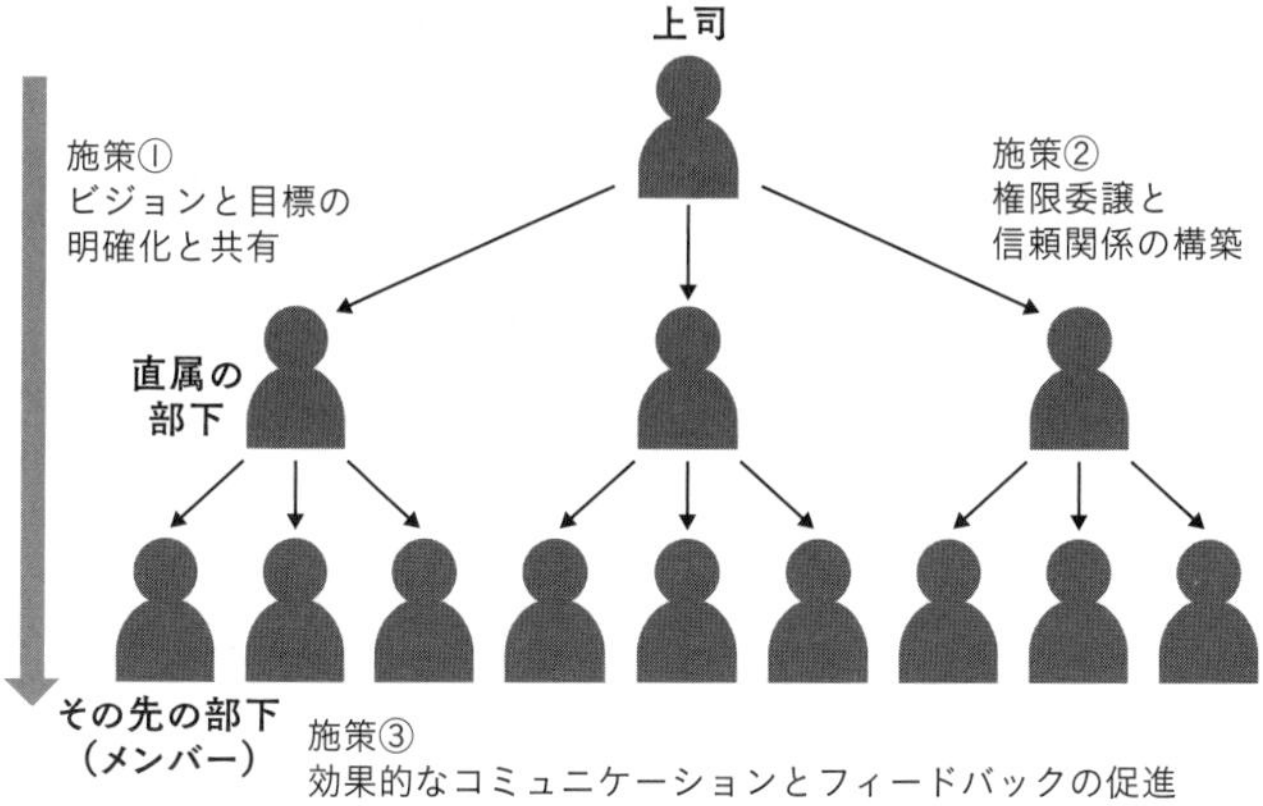

この3つの施策を意識しながら、直属の部下に働きかけて組織全体を効果的に動かしていきます。まずは小さなステップから始め、直属の部下たちが自発的に動ける環境を築き上げていきましょう。そうすれば、組織の目標達成に向けて組織全体が一丸となって取り組むことができるようになってきます。

このあとに、3つの施策に対するそれぞれの実践のステップを説明します。そして直属の部下へのコーチングでの質問例もあわせて紹介していきます。これらの質問は、部下への成長の機会を効果的に促進するためにも役立ちます。部下が自分自身で3つの施策を推進できる環境をつくる支援となるでしょう。

施策①ビジョンと目標の明確化と共有

上司が組織のエンパワーメントを促進するためにビジョンと目標を共有することは、直属の部下たちが自分の役割と行動の重要性を理解し、それぞれチーム内に対して行動を動機づけるための重要なステップです。ここでは3つのポイントを紹介します。

ビジョンと目標の明確化

まず、直属の部下たちに対して組織のビジョンや長期的な目標を明確に説明します。具体的な例や実際の状況にもとづいて、どのようにしてそのビジョンや目標が各チーム内に影響を与えるのかを「質問」によって直属の部下たちに考えてもらい、彼らがその意義を理解できるようにします。

コーチングの質問例

・現在の業務の中で、組織のビジョンに最も強く関連している部分はどこだと思いますか？
・組織の目標を達成するために、チームとしてさらに工夫できることは何だと思いますか？
・ビジョンに対する理解を深めるために、今後どのような情報が必要だと感じていますか？

ビジョンを日常業務に反映させる

ビジョンや目標は、ただ掲げるだけではなく、日常業務の中で実践されることが重要です。部下が日々の業務の中でビジョンを意識し、その達成に向けた行動をとるように促します。たとえば、定期的にビジョンにもとづいてプロジェクトの進捗確認を行い、その成果がそれぞれのチーム内にどう貢献しているのかを直属の部下への「質問」によって振り返ってもらいます。

コーチングの質問例

・日々のタスクの中で、どのようにして組織のビジョンを意識していますか？
・現在進行中のプロジェクトは、どのように組織のビジョンに貢献していると思いますか？

・ビジョンに向けて行動する中で、どのようにしてモチベーションを維持していますか？

定期的なコミュニケーションとフィードバック

ビジョンや目標を共有するためには、定期的なコミュニケーションが不可欠です。直属の部下が組織のビジョンや目標をしっかりと理解し、自部門への行動に反映できているかどうかを確認するため、「１ｏｎ１」を通じて継続的にフィードバックを提供します。とくに、ビジョンに沿った成果を称賛し、組織全体への影響を明確に伝えることが重要です。

コーチングの質問例

・部下とビジョンに関してどのくらいの頻度でコミュニケーションをとっていますか？
・ビジョンを部下に意識させるためにどのようなフィードバックをしていますか？
・部下にビジョンや目標を伝えるために、どのような方法が有効だと思いますか？

このようなアプローチにより、直属の部下は組織のビジョンや目標を深く理解し、自分の役割とその貢献を認識することで、その組織内へのエンパワーメントを実現できます。

施策②権限委譲と信頼関係の構築

権限委譲とは、組織やチームにおいて上司が自分の持つ権限や責任の一部を部下に任せることを指します。部下が自分で意思決定を行い問題を解決できる環境を整えることで、意思決定のスピードが向上し、組織全体のパフォーマンスが向上します。また、部下の成長やモチベーションアップにもつながります。ここでも3つのポイントを紹介します。

権限委譲に対する明確な期待の設定

部下に対して、どのような権限を委譲するのかを明確に伝え、彼らの役割と責任を再確認します。適切な権限を持たせると、その部下は自分で意思決定を行い、チーム全体のパフォーマンスに直接影響を与えられると感じるようになります。直属の部下への「質問」によって、権限委譲に対する彼らの認識や理解を明確にしてあげましょう。

コーチングの質問例

・このプロジェクトで、あなたが意思決定できる範囲はどこまでだと思いますか？
・あなたが責任を持って意思決定するには、どのようなガイドラインが必要ですか？
・権限を委譲する際に、どのようなサポートやリソースが必要だと感じますか？

自律的な問題解決能力の強化

部下に対して責任を持たせ、問題解決能力を高めるように促すためには、部下が自分自身で解決策を考える姿勢を持つことが必要です。その部下に対して、「質問」を投げかけながら自律的に問題を考えさせ、解決策を提示させるようにすることで、チーム全体のスキルと自信が向上します。

コーチングの質問例

・このプロジェクトにおける最大の障害は何だと思いますか？　それを解決するためにチームに対してどのようなステップをとりますか？
・直面している問題の根本原因を見つけるために、どのように分析しましたか？

・この課題を解決するために、チームで新たに試したいアイデアはありますか？

結果にフォーカスする管理

細部にわたる指示を避け、結果にフォーカスした管理をすることとは、部下に責任感を持たせるための有効な手段です。その部下がタスクやプロジェクトのリーダーシップを持ち、結果に焦点を当てることで、各自の判断と責任が促進されます。

コーチングの質問例

・結果を最大化するために、現在のプロセスをどのように改善できると考えますか？
・どのようにして、チームが結果にフォーカスし続けることができると思いますか？
・結果を重視する文化を育てるために、どのようなリーダーシップを発揮したいですか？

このようなコーチングを通じて、部下自身がリーダーシップを発揮し、その下のメンバーにも権限委譲を進め、責任感を持たせることができます。

施策③効果的なコミュニケーションとフィードバックの促進

効果的なコミュニケーションとフィードバックの促進は、組織内の連携を強化し、部下の自律的な行動を支える重要な要素です。そして、情報の透明性やフィードバックを通じた成長が、組織全体の連携を強化し、部下のモチベーション向上につながります。ここでも3つのポイントを紹介します。

コミュニケーションを促進して方向性をそろえる

直属の上司が定期的に情報共有の場を設け、組織の目標や進捗状況をつねに把握できるように動機づけします。これにより、組織全体の風通しがよくなり同じ方向を向いて進むことができます。

コーチングの質問例

・チーム内での情報共有がスムーズに進んでいる部分と、改善できる部分はどこですか？
・効果的に情報を共有するためにフォーマットなどで何か工夫できることはありますか？
・チーム内での情報共有の方法について、新たなアイデアや改善点はありますか？

オープンなコミュニケーション文化を育てる

組織内でオープンなコミュニケーション文化を育てることは、組織全体が自由に意見を表明しやすい環境をつくります。現場からの提案や意見を積極的に受け入れ、フィードバックを奨励することが重要です。

コーチングの質問例

・部下が自由に意見を述べられる環境をつくるために、どんな工夫ができると思いますか？
・部下が意見を積極的に出しやすいように、どのようなサポートができると思いますか？
・部下が自由に意見を言いづらい要因は何だと思いますか？　それをどう解消できますか？

効果的なフィードバックを心がける

フィードバックは、部下が成長し、仕事の質を向上させるために欠かせないプロセスです。フィードバックをする際には、建設的かつ具体的な内容を心がけ、部下がつぎのステップに進むためのガイドとして機能させます。

コーチングの質問例

・部下からフィードバックを受ける際、どのようにしてそれを前向きに活用していますか？
・チームメンバー同士でのフィードバックをどのように促進していますか？
・チームへのフィードバックの質を高めるために、どのようなサポートが必要ですか？

このように、効果的なコミュニケーションとフィードバックの促進を通じて、部下は自分の意見が尊重されていると感じ、より積極的に組織の目標に向かって行動できるようになります。また、部下がその先のメンバーにも同様の文化を伝え、組織全体の連携と成長が促進されます。

エンパワーメントを活用して「間接的」に組織全体を動かすためには、部下一人ひとりが自発的に行動し、チームや組織の目標に向かって貢献できるような環境をつくることが重要です。上司はその支援役に徹することで組織全体が一体となって成果を出せる文化を築くことができます。

「権限委譲」でエンパワーメントを推進する

ここまで紹介した3つの施策のうち、施策②の「権限委譲」は、上司の業務の一部を部下に委譲し部下が自分で意思決定をする機会を与えるプロセスです。権限委譲をもっとかんたんに言うと部下に仕事を「任せる」ことです。これにより上司は自らが集中すべき業務に専念でき、しかも部下は責任感と自主性が育まれます。これにより、部下は自分の判断や行動の結果を振り返る中で多くの気づきを得られます。

権限委譲がとくに重要な理由

権限委譲は、組織内でエンパワーメントを推進するための核心的な要素です。そのため、さらにくわしく説明します。その重要性はつぎの点に集約されます。

まずは、**自律性と責任感の向上**です。

部下の自律性と責任感を高めるためには、まず彼らに意思決定の権限を委譲することが重要です。これにより、部下は自分の判断で行動する機会を得て、自然と自律性が養われると同時に、役割に対する責任感も強化されます。また、自分で意思決定を行う経験は、問題解決能力やリーダーシップスキルの向上にもつながり、部下の成長を促すことができます。

つぎに、**モチベーションの向上**です。

権限を与えることは、上司からの信頼の表れでもあり、部下のモチベーションを大きく向上させます。部下が自分の判断や行動が組織の成果に直接影響を与えると感じることで、仕事に対する積極性が高まるのです。

そして、**組織全体のパフォーマンス向上**です。

権限委譲は組織全体のパフォーマンス向上にも寄与します。現場での迅速な意思決定が可能になり、業務の効率化が進むだけでなく、多様な視点からの意思決定が増えることで、革新的なアイデアや改善策が生まれやすくなります。結果として、組織の創造性が高まり、全体の成果が向上するという好循環が生まれます。

権限委譲は、組織内でのエンパワーメントを推進するうえで非常に重要な役割を果たします。部下たちに適切な権限と責任を与えることで、彼らの自律性とモチベーションが高まり、組織全体のパフォーマンスが向上します。これにより、組織は変化に強く、持続的な成長が可能な状態となります。

権限委譲を効果的に進めるポイント

権限委譲は、組織の拡張性と部下のモチベーションとスキルの両面での向上を図る重要なマネジメントスキルです。効果的な権限委譲の進め方を5つのポイントで説明します。

①委譲する業務の選定

まず、どの業務を委譲するかを選びます。そのうえで、必要な支援を提供します。重要度や複雑性の高い業務を適切な部下に委譲することで、組織とその部下の両面での成長を促します。

②適切な部下の選定

業務を委譲する部下を選定します。本書では「スキル&ウィル・マトリックス」を活用してその選定の基準を明確にする方法を紹介しました。

③期待値の明確化

上司として部下に期待する目標や成果を明確化します。その際に定量的な目標や期限、あるいは成果として認識すべき基準を伝えることが重要です。

④リソースとサポートの提供

業務を委譲する部下の能力を見極め、必要な支援を行います。これには、トレーニングの実施や各種ツールの提供、あるいはヒト・モノ・カネの資源の支援などが含まれます。

⑤フィードバックと評価

委譲したあとは、進捗の確認やフィードバックの機会を定期的に行います。ここでは成功体験をできる限り早期に実現することが重要です（アーリーウィン）。このプロセスを通じて部下は成長し組織のパフォーマンス全体が向上します。

権限委譲は部下に対する信頼が重要です。委譲したあとは過度に介入しないようにします。進捗の確認やフィードバックの場をつくりながら、部下が自ら問題解決をするようにコーチングをしていくとよいでしょう。たとえば、問題が起きたときに上司からすぐに解決策を指示するのではなく、「どのように対処したらよいと思う?」と問いかけ、部下に考えさせる場を提供します。

一方、こうした支援をせずにそのまま放置すると「業務の丸投げ」となり、逆効果になりかねません。上司は、部下に期待する成果や役割を明確に伝え、進捗を確認しながら適切なフィードバックを提供することが必要です。また、部下が困難に直面した際には相談しやすい関係を築き、必要な支援を行う姿勢を示しましょう。放任ではなく、部下が安心して成長できる環境を整えることが上司の責務です。

組織が成長するにつれて、すべての業務を組織の管理者だけで処理するのは困難です。権限委譲によって、組織はスムーズにスケールアップし、より多くの業務を効率的に処理できるようになります。同時に、組織内で次世代のリーダーが育ち、組織全体の強化につながります。

エンパワーメントで「直接的」に組織全体を動かす

ここまで、直属の部下に働きかける形で「間接的」にその先の部下を動かして組織全体をエンパワーメントする3つの施策とその実践例を説明しました。ここでは、組織全体に対して「直接的」にエンパワーメントする3つの施策を説明します。

施策①オープンなコミュニケーション

リーダーが組織全体に対して明確かつ一貫した情報を提供することが重要です。組織のビジョンや目標を全階層に共有し、各メンバーが自分の役割を理解しやすくします。

その際に単に「何?」を伝えるだけでなく、「なぜ?」を伝えること、つまりその意図や背景も含めて共有することが重要です。

また、情報を一方通行にするのではなく、部下たちが意見や疑問をリーダーに直接届ける機会を設けることで、双方向のコミュニケーションを実現します。これにより、すべての階層が組織の目標やビジョンに対して共感を持ち、個々の貢献が組織全体にどのように影響を与えるかを理解できます。

具体的には、リーダーが定期的にタウンホールミーティング（全体総会）を開催し、ビジョンや目標、あるいはビジネスの進捗報告や戦略変更の背景を説明します。その場で、質問を受け付け、直属の部下だけでなく、その先の部下たちが自分の声を届けられる場を設けます。

施策②階層を超えたフィードバック

リーダーが直属の部下だけにフィードバックを受けるのではなく、現場の社員に対しても直接フィードバックを受けることで、彼らが組織の一部として認識されているという感覚を強めます。これにより、すべての社員がリーダーシップからの注目を受けていると感じ、自己の役割や責任に対する意識が高まります。また、部下のモチベーション向上にもつながり、パフォーマンスが改善される可能性が高まります。

「直接的」なエンパワーメント

施策①　オープンなコミュニケーション
- 部下との定期的な会話接点の増加
- 仕事を進めるうえでの率直な対話

施策②　階層を超えたフィードバック
- 部下のモチベーション変化の察知止
- 業務・組織運営上の潜在リスクの把握

施策③　トレーニングとキャリアパス
- 対話を通じての学習機会
- 部下の気づきと行動にもとづく能力開発

具体的には、リーダーが直属の部下を通じてだけでなく、現場で働く社員とも直接対話する時間を定期的に設けます。こうして、部下が自分の考えやアイデアを提案し、それが組織の意思決定プロセスに反映される場を提供することも、エンパワーメントを強化する手段です。これにより、部下は自分の意見やアイデアが組織に影響を与えられると感じ、より積極的に組織の一員として参加することができます。

その結果、定期的に各チームのメンバーを個別に評価し、彼らの具体的な貢献に対して感謝の言葉やメールを送ることや、優れたパフォーマンスを賞賛するメッセージや表彰を組織全体に発信することで、自分の働きが認められていると感じる機会も増やします。

施策③トレーニングとキャリアパス

エンパワーメントの重要な要素は、組織全体に自己成長の機会を与えることです。これにはスキル向上のための研修やトレーニング、あるいはキャリアパスの明示が含まれます。たとえば、部下へのトレーニングやスキルアップの機会を提供し、全員が新しいスキルを学べる機会を設けます。あるいは、部下が横断的に参加者できるクロスファンクション・チームを設け、全社横断的なプロジェクトを実行することで、彼らが組織の成功に貢献しているという実感を持たせます。また、定期的にワークショップやブレインストーミングセッションを開催し、現場からのアイデアを意思決定プロセスに取り入れます。

これらの具体的なアプローチを通じて、リーダーは組織全体まで「直接的」にエンパワーメントを広げ、社員が主体的に組織の成功に寄与できる環境を整えることができます。

「直接的」に組織全体を動かす実践例

組織全体に対して「直接的」にエンパワーメントする3つの施策を説明しました。ここでは、その実践方法を2つほど紹介します。

タウンホールミーティングでビジョンを率直に話す

タウンホールミーティングとは、企業の経営陣と社員がさまざまなテーマについて対話する全社ミーティングのことです。タウンホールミーティングは、組織全体が集まり、リーダーシップチームが会社のビジョンや現状、今後の目標について率直に話す場として機能します。

エンパワーメントを促進するためには、リーダーが透明性を持って経営情報を共有し、従業員の意見を積極的に取り入れる姿勢を示すことが重要です。たとえば、リーダーがタウンホールミーティングで業績や今後の戦略を説明したあと、質疑応答の時間を設け、社員が自由に質問や意見を述べる機会を設けられます。

さらに、寄せられた意見や提案がその後のプロジェクトに反映され、その進捗が再び次のタウンホールで報告されるような仕組みがあれば、社員は自分たちの声が実際に組織の方向性に影響を与えたと感じるでしょう。たとえば、ある社員の提案が新しいマーケティング戦略として採用され、その成功がのちにミーティングで共有されると、ほかの社員も自分の意見が組織にとって価値があると感じ、さらなる発言や行動を促進します。

ワークショップでのエンパワーメント

ワークショップとは、参加者が主体的に考え協力し合い、テーマをもとに展開する体験型の講座やグループ学習です。ワークショップは、参加者が実際に手を動かしながら学び、問題解決に向けて協働する場としてエンパワーメントを強力に推進します。

たとえば、新製品のアイデアを生み出すためにワークショップを開催し、参加者を小グループに分けて異なる市場ニーズにもとづいた製品開発の課題に取り組ませた場合、各グループが自分たちで考えた解決策を発表することができます。こうしたプロセスを通じて、参加者は自らのスキルや知識を駆使して問題解決に貢献し、他のチームのフィードバックを受けることで新たな視点も得ることができます。

このような実践例では、参加者が提案したアイデアが実際の製品化プロジェクトに採用され、組織の成果として現れることで、彼らは自分たちの役割が組織にとって重要であると実感し、さらなる意欲を持って取り組むようになります。

どちらの形式においても、社員が自らの意見やアイデアが組織にとって重要であると感じ、その声が実際に組織の決定に影響を与える経験を得る過程で、エンパワーメントが自然と強化されていきます。

成功体験を共有する仕組みのつくり方

成功体験を組織で共有して再現する

エンパワーメントにおいて成功や失敗からの学びを促進することも効果的です。とくに成功したプロジェクトや取り組みについても振り返りをして、「なぜ成功したのか？」を考えさせることで、部下は成功要因に気づき、今後もそれを活用できます。また、その成功をほかの部下と共有することで、学びが組織全体に広がります。

一方で、部下が失敗をした際にはそれを責めるのではなく、「何を学べたか？」を問う姿勢を示します。失敗は成長の一環であり、失敗を振り返ることが部下に大きな気づきを与えます。たとえば、「次回はどのようにすれば、今回の失敗を防げると思う？」と問いかけることで、失敗からの学びを得させます。「失敗から学ぶ文化」を醸成するのです。

ここでは私が部下の「成功要因」を会議で共有することで組織全体を直接的にエンパワーメントした例を紹介します。

私が30歳のときにSAPでインサイドセールスという組織の立ち上げを任されたのは、前述のとおりです。いまでこそインサイドセールスは、営業・マーケティング施策として多くの人たちの知るところとなり、関連書籍も出版されています。しかしながら当時は新しい営業形態で、日本での実践例はほとんどありませんでした。

私たちが取り組んでいたインサイドセールスとは、「訪問せずに商談をして契約をする営業」です。具体的には、直接訪問せずに、電話やメール、Ｗｅｂなどを駆使して、お客様とアポをとり商談を進めていく仕事です。

私が当時考えたのは、「インサイドセールスで電話をかけるときに、うまく成約につながる人とそうでない人に差がある。特定の誰かに依存するのではなく、誰でも一定の成約獲得につなげられるようにするにはどうすればいいだろうか」ということでした。うまく成約につながった**成功体験をみんなで共有して再現する仕組みをつくる**方法を模索しました。

そこで、「What's New Today?（今日のうまくいったことはなに？）」という全員参加型の情報共有会を毎日30分実践することにしたのです。当時は、駆け出しのリーダーながらにインサイドセールスの生産性を上げるために必死に考えて工夫したことでしたが、いまの私が振り返ると本書の重要コンセプトである「ギャップ分析」で説明できます。

気づきの連鎖で組織に「勢い」「熱量」が生まれる

まず、1日のおわりの夕方に会議をセットすることにしました。

1つめは、ゴールの設定です。

「What's New Today?」におけるゴールは、「チーム全体で成功体験を共有することによって、ほかの人も成果を出せる状態にすること」です。成果とは、アポの取得、成約率の向上などです。このゴールを達成するためにどうすればいいか？

つぎに、「現在の姿」を確認します。ここでは過去を振り返る質問です。

「What's New Today?（今日のうまくいったことは何？）」です。ちなみに英語にしたのは、キャッチーで、日本語よりもライト感があってフランクに話し合えると思ったからです。

「今日のうまくいったことは何ですか？　どんなに小さなことでもいいから成功体験を教えてください」と質問を投げかけます。「どんなに小さなことでもいいから」と質問のハードルを下げて、意見を言いやすい雰囲気をつくります。

この質問に対して、さまざまな意見が上がってきます。

「朝8時とか早い時間に電話をかけると、秘書さんがまだ出社していなくて、役員の方と直接話せてアポがとれました」

「会社がセミナーを開いたあとに、すぐにフォローコールをしたところ、アポがとれました。鉄は熱いうちに打てってことですね！」

「フォローという点でいうと、私はセミナーが終わったすぐあとにお客さんに連絡できるようにセミナー開催の1週間前にフォローアップメールの文面をブラッシュアップしました。タイミングを見ていつでも送信できる状態にしています」

こうした意見を共有しているあいだにも、それぞれの部下が「自分自身の成功体験」や「そうすればいいのか」という気づきにつながります。こうした気づきが毎日集まってくるようになりました。こうすると、ゴールを達成するために、動機づけになる気づきとステップであるアクションを共有することができ、スピード感の熱量も生まれるようになってきました。

当時の私は、「今日のうまくいったことは何？」と質問しているだけです。私がほかの仕事の都合で会議に参加して進行できなくても、部下が代わりに進行してくれます。こうしてのルーティンとして成功体験を共有する仕組みができると、部下の中から自発的に提案が上がってくるようになります。「会議の内容を文章にまとめて、マニュアルにするのはどうだろう？」「たしかに！　新しく入ってくる人にも共有できる仕組みにもなっていいよね」「エクセルのフォーマットにまとめるのはどう？　メモ係いたほうがいいね。私がやろうか？」などと、率先して手をあげてくれる部下も出てきました。

成功体験を質問によって引き出し、さらに大きな成功体験につながり、私自身、マネジメントとはこういうことかと大きな学びを得られました。いま思うと、私自身が組織をエンパワーメントできた最初の体験であり、私の財産となっています。

エンパワーメントする部下にコーチングする

本章の最後に「ギャップ分析のトライアングル」を意識しながら組織を動かすエンパワーメントの方法を、上司と部下のコーチングを例に説明していきます。

エンパワーメントをより身近に感じていただくために第2章でも話した、「新規アポの獲得」をケースに説明しましょう。

まずは、状況を整理しておきましょう。上司（あなた）がいて、このケースで権限委譲した部下がいます。そこでその部下をエンパワーメントして、その先の部下たちの行動を支援するためにはどうすればいいでしょうか。

①部下に「目指す姿（ゴール）」を適切に設定してもらう

かならず押さえておきたいのは、**部下がどのような「目指す姿」を設定しているか、コ**

ーチングを通じて確認することです。

上司「最近、困ったことはありますか？」

部下「パイプライン（案件）を増やすためにいまうちのチーム全員に、とにかく新規アポをとるように指示を出しているんです。アポがとれたら私との商談をセットするように伝えています。でも、それができる人とできない人にばらつきがあるんですよね」

上司「わかりました。今日は、ばらつきをどうするかをテーマに、30分で話しましょう」

部下といっても権限委譲するほどの人ですから、そこまでハードルの低い質問をする必要はありません。「最近、困ったことは？」とオープンクエスチョンで投げかければ、何らかの課題が出てくるケースが多いでしょう。その課題をコーチングのテーマとして設定します。

上司「現在、考えているゴール（目標）はどのようなものですか？」

部下「現在、私の部下5人に見込み客を10社ずつ割り振っており、チームで合わせて50社です。各々に10社中、8社は新規アポをとってほしいと考えています。これをゴールとして設定しています」

上司は部下にゴールについて質問し、具体的なゴール設定を確認します。このやりとりは、部下が権限を持って自身のチームの目標をしっかりと設定しているかを確かめるために重要です。

上司「そうですか。では、チームで10社のうち8社、新規アポをとれそうな人はいますか?」
部下「はい、います。Aさんです」

部下が言ったゴールの実現可能性をさらに掘り下げるために、チーム内での具体的な成果を問いかけ、ゴール設定がチーム全体にとって現実的なものかどうかを明らかにします。

上司「Aさんとほかの4人のスキルにそれほど差はありませんか?」
部下「いえ、Aさんは非常に優秀です」
上司「それなら、その設定は高すぎると感じますけど、どうですか?　ほかの人もAさんのようになれそうですか?」

部下「たしかに高すぎるかもしれません」
上司「細かいゴール設定は任せますが、そのあたりをよく検討して、1週間後の1on1でフィードバックしてください」

ゴールがチームの実態に合っているかどうかを確認し、必要に応じてゴールの再設定を促します。Aさんが非常に優秀である場合、ほかのメンバーにとって同様の成果を期待することは現実的でないかもしれません。

私の経験上、管理職同士や実力者同士が会話をするときには、「目指す姿」について目的の共有や部下への動機づけをしないケースが多いと感じています。「暗黙の了解」として共有しているつもりになってしまうからかもしれません。**「目指す姿」のうちとくに目的や目標がズレていては、組織の力が同じベクトルに向かず、エンパワーメントの効果が発揮できないので、部下ときちんと対話するようにしましょう。**

部下が「目指す姿」について目標を再設定することになりました。続きを見ていきましょう。

部下「先日の１on１をもとに、目標を６社に再設定し徐々に目標を上げていくことにしました」
上司「部下とゴールを共有したことの効果はありましたか？」
部下「ありました。まず、前回の１on１で私は部下たちに『とにかくやれ』としか伝えられていなかったこと、ゴール設定も高いことに気づきました。そもそも今回の新規アポの目的と期待や、なぜ６社かというのも自分で部下たちに説明できるように考えました。それを受けて部下たちに１on１でそれぞれ話をしたら、目標と時間軸が明確になったと納得してくれました」
上司「そうですか。効果はあったのですね」

直属の部下がゴールを設定したことをどう受け止めているかを確認します。効果が出たという成功体験によってその部下の自信にもなるし、今回の学習が「かならず適切なゴール設定をして自分の部下と共有する」という今後の行動にもつながるでしょう。

②部下に「現在の姿」を把握してもらう

つぎの話題に移ります。

上司「先日の1on1でゴール設定をして、部下にも意識づけられたならよかったです。質問ですけど、この計画を開始してからいま2週間経ちましたね。その中で1件でもいいから新規アポがとれたケースはありましたか？」

部下「全員ではないのですが、Bさんががんばってくれていて、10社中2件のアポがとれました。うち1件は役員さんに同席いただいています。さっそく私も同行して顧客との関係ができつつあります」

上司「いいですね」

部下「はい。ただ残念ながらほかの人はまだ0件という状態なんですね」

上司「なるほど」

部下「Bさんがいま2件で、ほかは全員0件で、うまくいってなくて私は困っています。目標の6件にとても届かないんじゃないかと思って」

部下の部下たちの成果を聞いて、「現在の姿」がどうなっているかを確認します。

③部下に「ギャップの原因」を特定してもらう

上司「いまの話だと、Bさんが2件についてどうやってうまくいってるかを要素分解できそうですよね。Bさんのここがよかったんじゃないかっていうポイントは何かありますか?」

部下「Bさんは用意周到なタイプで、しっかり時間をかけてお客さんを事前に分析してたんですよ。お客さんに何を伝えるべきかを考えて、実際にそれをメールすると関心を持ってくれて会おうという話になりました」

上司「ほかにはありますか?」

部下「Bさんのお客さんはうちの会社のことを好意的に受け止めてくれているハッピーカスタマー（顧客ロイヤルティの高い顧客）で、シンプルに担当者の方に『上司の方にお会いしたい』って伝えたら会わせてくれました」

Bさんがうまくいっているという成功体験があるようです。それを上司としてどう捉えているかなどを確認し、その要素を横展開する方法を検討します。

上司「Dさんは0件ですが、いま要素分解してくれたポイントと共通点のありそうなお客さんっていますか？」

部下「はい、います。Dさん担当の10社のうち2社はハッピーカスタマーです。まずこの2社に絞ってしっかり準備させたらBさんの成功体験を横展開できるかもしれません。Bさんがどのようにハッピーカスタマーに依頼したかを共有してもらうと、うまくいくかもしれません」

上司「さっきの話に戻って、もう少し具体的に聞かせてください。Bさんの事前準備の方法の効果が高かったんですよね。どういう準備をしていたのですか？」

部下「Bさんは、お客さんを分析する視点を決めて、こういうA４一枚にまとめてから、それをもとに内容をブラッシュアップしたメールを送ったら効果がありました」

④部下に「アクション」を決めてもらう

ここまでで、チームの中でうまくいったケースについて詳細を質問しました。そのうえで、将来に向けた質問をします。

上司「Bさんの成功事例をほかのメンバーにも展開するには、どうすればいいと思いますか？」

部下「Bさんにチーム会議で成功事例を発表してもらうとよさそうです。また、Bさんがやっていた事前準備の方法を、ミニ研修という形でほかのメンバーにも共有してもらうのはどうでしょうか？」

上司「それはいいアイデアですね。Bさんに、研修を実施する役割を与えて、ほかのメンバーを支援する権限を委譲するのもいいと思います。その研修の場には、私も参加してメンバー教育を支援します。さらに、今後も使えるトレーニングプログラムにまとめることも考えてみてはどうでしょう？」

部下「はい、そうします。ここは私がリードして、いずれ組織全体に効果を波及させたいです。Bさんにそのプログラム作成も手伝ってもらい、まずは私の組織全員が継続して活用できるようにします。来月の1on1で、その研修の成果やほかのメンバーの反応についてフィードバックします」

上司「いいですね。部下への権限委譲はあなたにとって今回初の経験でしょうから、次回にそのコツをいくつか伝授しますね。今後はエンパワーメント全般の取り組みもテーマに1on1をしていきましょう」

このやりとりは、ギャップ分析の視点から「目指す姿」「現在の姿」「ギャップの原因」にもとづいて行われています。

「目指す姿」として、上司はBさんの成功事例を組織全体で共有し、メンバー全員が成果を出せる状態を実現することを意図しています。「現在の姿」では、Bさんのみが成果を出しており、ほかのメンバーは同様の成果を出せていない状況にあります。この「ギャップの原因」としては、Bさんの成功事例がチーム内で共有されていないことや、ほかのメンバーがその方法を実践するための支援が不足していることが考えられます。

上司はこのギャップを埋めるために、コーチングにより部下に主体的に考えさせ、Bさんの成功事例をほかのメンバーに広める方法を一緒に検討しています。上司は、Bさんに研修の役割を任せることで権限委譲をし、「間接的」にその先の部下が自発的に行動しやすい環境をつくっています。また、研修を通じて上司が部下やそのチームを「直接的」に支援しています。

また、次回の１ｏｎ１でフィードバックを求め、効果の確認とさらなるサポートの機会を設けることで、目指す姿に向かって組織全体のスキル向上が持続的に進む仕組みを整えています。こうして、個人の成功事例を組織全体に横展開し、持続的な成長を実現するエンパワーメントの仕組みが完成されます。

こうしてエンパワーメントを意識すれば、直属の部下を通じてその先の部下たちにも気づきと行動を促進できるようになるはずです。場数を踏んでいけば、エンパワーメントのスキルが向上していきます。

おわりに

本書を書き終えたいま、胸にあふれる想いをどう言葉にすればよいのか、筆が震えます。

2023年12月、私は甲状腺がんの診断を受け、11時間にもおよぶ大手術を経験しました。その長い手術の最中や、その後の長期間におよぶ回復期間は、私は生きることの意味や、自分にとって本当に大切なものは何かを深く考える時間となりました。ベッドのうえで、家族や友人たちの温かさや、社員たちからの励ましの言葉が、どれほど心の支えになったことでしょう。その想いに触れた一瞬一瞬が、私にとってかけがえのない宝物となりました。

時間の価値を根本から考えさせられた私に何ができるのか？

そう自問する中で、これまで培ってきた経験や知識を目に見える形に残し、多くの人々に還元して残し、そして人材育成を通じて「将来」の日本社会の発展に草の根でも貢献したいという想いが、これまで以上に強くなりました。

健康の大切さを身をもって知ったいま、私は自分自身の健康を大切にしながら、他者の成長をサポートすることに全力を注ぎたいと考えています。

本書で触れたコーチング、ファシリテーション、エンパワーメントの手法は、成長に悩む人々が相手をうまく気づかせ、内なるモチベーションを引き出し、具体的な行動へと導く力を持っています。私はこれまでたくさんの挑戦の機会と成功体験に恵まれましたが、その倍以上の修羅場と失敗体験を重ねてきました。それはいまでも続いています。

その中からきっと読者のみなさまのお役に立てると思う体験を本書にまとめました。本書が読者のみなさまにとって、新たな一歩を踏み出すきっかけとなり、最大の成果を生み出す助けとなることを心から願っています。

最後に、この書籍の制作に携わってくださった日本実業出版社のみなさま、日々ともに歩んでくれているゼットスケーラーの社員のみんな、そして私の病気を知ってからとくに心配し励まし続けてくれた家族や、いつも私を笑顔いっぱいに楽しませてくれる友人たちへ、深い感謝の意を表します。あなたたちの支えがあったからこそ、私はこの不安と困難を乗り越え、新たな未来へと進む勇気を持つことができました。

何より、この本が、あなたの心に小さな灯火をともすことができれば、これ以上の喜びはありません。人生は限られた時間の中で紡がれる物語です。その物語が、より豊かで意味深いものとなるよう、共に歩んでいきましょう。これからもずっと。

心からの感謝を込めて。

２０２４年11月

金田博之

金田博之（かねだ　ひろゆき）
1998年、外資系大手ソフトウェア企業のSAPに新卒で入社。30歳からマネジメントを歴任し、7年連続グローバル・トップタレントに選出される。2014年、日本の大手製造・流通企業のミスミグループでGMとしてグローバル新規事業を推進した後、2018年に世界のAI・チャットサービスをリードする外資系IT企業のライブパーソン株式会社（米国NASDAQ上場）」の代表取締役に就任。2020年12月、クラウド型ネットワークセキュリティ分野で10年連続グローバルリーダーに選出されているゼットスケーラー株式会社（米国NASDAQ上場）にて日本法人の代表取締役に就任。プライベートではセミナー、企業研修、大学等で講演し10年以上の講師経験を持つ。これまで10冊の書籍を出版。プレジデント、ダイヤモンド、東洋経済、日経ビジネスなど各種メディア掲載実績多数。

最高《さいこう》のリーダーは気《き》づかせる

部下《ぶか》のポテンシャルを引《ひ》き出《だ》すフレームワーク

2024年12月1日　初版発行

著　者　金田博之 ©H.Kaneda 2024
発行者　杉本淳一

発行所　株式会社日本実業出版社　東京都新宿区市谷本村町3−29 〒162−0845

編集部　☎03-3268-5651
営業部　☎03-3268-5161　振　替　00170−1−25349
https://www.njg.co.jp/

印刷／壮光舎　　製本／若林製本

ISBN 978-4-534-06139-3　Printed in JAPAN